Ciudad de Machu Picchu

Revelando los misterios de la icónica ciudadela del Imperio Inca y su perdurable legado

Julian Blackwood

Derechos de autor © 2024 Julian Blackwood

Reservados todos los derechos. Ninguna parte de esta publicación puede reproducirse, distribuirse o transmitirse de ninguna forma ni por ningún medio, incluidas fotocopias, grabaciones u otros métodos electrónicos o mecánicos, sin el permiso previo por escrito del editor, excepto en el caso de citas breves incorporadas. en revisiones críticas y ciertos otros usos no comerciales permitidos por la ley de derechos de autor.

TABLA DE CONTENIDOS

INTRODUCCIÓN 6
La enigmática ciudad perdida 6
Contexto histórico 7
Descubrimiento por Hiram Bingham 8
Importancia en la civilización inca 9
Importancia continua 11
Los misterios de Machu Picchu 12
PARTE I: Antecedentes históricos 13
El imperio inca 13
Ascenso y expansión 15
Sociedad y Cultura 17
Estructura política 19
La construcción de Machu Picchu 23
Maravillas arquitectónicas 25
Técnicas de ingeniería 27
Propósito y función 28
PARTE II: El Descubrimiento 32
La expedición de Hiram Bingham 32
viaje a los andes 33
Encuentro con las ruinas 34
Impresiones iniciales y documentación 36
Viaje a los Andes 39
Encuentro con las ruinas 41
Impresiones iniciales y documentación 43
Investigaciones tempranas y excavaciones 47

3

- Hallazgos iniciales 52
- Desafíos y controversias 55
- Esfuerzos de preservación 56

Parte III: Los Misterios de Machu Picchu 61
- Teorías y especulaciones 61
- ¿Finca real o sitio religioso? 67
- Alineaciones astronómicas 73
- Preguntas no resueltas 78
- Artefactos y tesoros 82
- Descubrimientos importantes 86
- Artículos culturales y religiosos 91
- Impacto en la comprensión de la vida inca 96

Parte IV: Perspectivas modernas 102
- Machu Picchu hoy 102
- Turismo y Accesibilidad 106
- Preservación y Conservación 111
- Estado de Patrimonio Mundial de la UNESCO 117
- Impacto y legado cultural 122
- Influencia en la identidad peruana 126
- Percepción y fascinación global 129
- Papel en la arqueología moderna 131

Parte V: Visitando Machu Picchu 135
- Planificando tu visita 135
- Consejos de viaje y logística 136
- Visitas guiadas versus exploración independiente 138
- Qué ver y hacer 140
- Caminando por el Camino Inca 142

Rutas y Desafíos..144
Preparación y seguridad...................................146
Conclusión.. **149**
El perdurable legado de Machu Picchu.......... 149
Reflexionando sobre su importancia...............149
Investigaciones y descubrimientos futuros..... 151
Preservando el pasado para las generaciones futuras...152

INTRODUCCIÓN

La enigmática ciudad perdida

Machu Picchu, a menudo anunciada como la "Ciudad Perdida de los Incas", se encuentra en lo alto de la Cordillera de los Andes, envuelta en nubes y misterio. Este antiguo sitio es famoso no sólo por su impresionante belleza sino también por su importancia histórica y su enigmático pasado. Su atractivo radica en la combinación de su ubicación remota, la sofisticación de su construcción y las preguntas sin respuesta sobre su propósito y abandono.

Durante siglos, Machu Picchu permaneció oculto al mundo exterior, envuelto por una densa jungla y un terreno montañoso inaccesible. Los Incas, maestros de la arquitectura y la ingeniería, construyeron esta ciudad a mediados del siglo XV durante el reinado del emperador Pachacuti. El sitio incluye una compleja red de palacios, plazas, templos y terrazas agrícolas, todos ingeniosamente construidos con la técnica de piedra seca conocida como sillería, donde las piedras se cortan meticulosamente para encajar sin mortero. Esta técnica no sólo muestra la notable habilidad de los incas sino que también aseguró la resistencia de las estructuras a los terremotos.

La ubicación geográfica de Machu Picchu es estratégica, ofrece vistas panorámicas del paisaje circundante y una sensación de aislamiento y protección. La ubicación de la ciudad se alinea con eventos astronómicos clave, lo que subraya la comprensión avanzada de la astronomía de los incas. Su posición elevada también facilitó la gestión de las terrazas agrícolas, que se utilizaban para cultivar cultivos como maíz y patatas, esenciales para el sustento de la población de la ciudad.

Contexto histórico

Para entender Machu Picchu es crucial ahondar en el contexto más amplio del Imperio Inca, conocido como Tawantinsuyu. En su apogeo, el Imperio Inca fue el imperio más grande de la América precolombina, extendiéndose desde la actual Colombia en el norte hasta Chile en el sur. Los incas lograron esta notable hazaña mediante una combinación de conquista militar, diplomacia y el establecimiento de un gobierno centralizado.

El sistema administrativo y político del imperio estaba altamente organizado, con el Sapa Inca (emperador) en la cúspide, considerado un dios viviente y descendiente directo del dios sol Inti. Los incas impusieron su lengua, el quechua, e integraron a los pueblos conquistados mediante un sistema de tributación laboral conocido como mita. Este sistema requería que los súbditos contribuyeran con mano de obra a proyectos estatales, incluida la construcción de infraestructura, como carreteras, puentes y terrazas agrícolas, que facilitaban la comunicación y el transporte a través del vasto imperio.

Los incas también eran expertos en agricultura y empleaban técnicas avanzadas para maximizar la productividad en el desafiante entorno andino. Desarrollaron una variedad de cultivos, incluidos patatas, maíz y quinua, y utilizaron sofisticados sistemas de riego. Las terrazas agrícolas de Machu Picchu ejemplifican estas innovaciones, permitiendo el cultivo en pendientes pronunciadas y evitando la erosión del suelo.

Descubrimiento por Hiram Bingham

Machu Picchu permaneció en gran medida desconocido para el mundo exterior hasta su redescubrimiento por el historiador y explorador estadounidense Hiram Bingham en 1911. Bingham, profesor de la Universidad de Yale, inicialmente buscaba Vilcabamba, el último refugio de la resistencia inca contra la conquista española. Guiado por agricultores indígenas locales, Bingham se topó con las ruinas cubiertas de maleza de Machu Picchu, que inicialmente creyó que eran Vilcabamba.

La expedición de Bingham fue patrocinada por la Universidad de Yale y la National Geographic Society, que atrajo la atención internacional sobre el sitio a través de publicaciones y fotografías detalladas. Las imágenes icónicas capturadas por el equipo de Bingham revelaron una ciudad envuelta en niebla y cubierta de vegetación, encendiendo la imaginación y la fascinación del mundo.

A pesar de la idea errónea inicial de Bingham sobre la identidad de Machu Picchu, su trabajo sentó las bases para estudios arqueológicos posteriores. Realizó extensas excavaciones, descubrió artefactos y documentó el diseño de la ciudad. Sin embargo, los métodos de Bingham y el traslado de los artefactos a la Universidad de Yale se convirtieron más tarde en temas de controversia y disputas legales con el gobierno peruano, que buscaba la devolución de su patrimonio cultural.

Importancia en la civilización inca

La importancia de Machu Picchu en la civilización inca se extiende más allá de sus maravillas arquitectónicas. Se cree que la ciudad cumplió múltiples propósitos, incluso como propiedad real, centro religioso y centro de observaciones astronómicas. Su construcción durante el reinado de Pachacuti sugiere que fue un símbolo de su poder y un refugio para la élite inca.

El trazado urbano de Machu Picchu refleja las creencias cosmológicas de los incas y su relación con el mundo natural. El diseño de la ciudad se divide en dos áreas principales: el sector agrícola, que consta de terrazas y edificios de almacenamiento, y el sector urbano, que incluye templos, plazas y estructuras residenciales. El Templo del Sol, la piedra del Intihuatana y la Sala de las Tres Ventanas se encuentran entre las estructuras más importantes, cada una de las cuales se alinea con eventos celestes y encarna el conocimiento astronómico de los incas.

El Templo del Sol, con sus paredes curvas y ventanas trapezoidales, probablemente se usaba para ceremonias en honor a Inti, el dios del sol. Durante el solsticio de invierno, la luz del sol entra a través de una de las ventanas del templo, iluminando la piedra del interior, un testimonio de la comprensión precisa de los movimientos solares por parte de los incas.

La piedra del Intihuatana, a menudo denominada "el poste de enganche del sol", es un pilar de roca tallado que se utilizaba para observaciones y rituales astronómicos. Su propósito era marcar eventos celestes importantes y posiblemente funcionar como reloj de sol. Los incas creían que esta piedra tenía el poder de "enganchar" al sol, asegurando su paso constante por el cielo y manteniendo así el ciclo de las estaciones esenciales para la agricultura.

La ubicación estratégica de Machu Picchu también sugiere su papel como sitio religioso y ceremonial. La proximidad a las montañas sagradas, conocidas como apus, y la presencia de manantiales naturales y canales de agua indican la reverencia de los incas por la naturaleza y su creencia en su conexión divina. El aislamiento y el espectacular entorno del sitio probablemente realzaron su significado espiritual, convirtiéndolo en un lugar ideal para ceremonias religiosas y peregrinaciones.

Importancia continua

La importancia perdurable de Machu Picchu se extiende hasta los tiempos modernos, influyendo en la identidad cultural y la comprensión histórica. Para el pueblo de Perú, Machu Picchu es un poderoso símbolo de su rico patrimonio y un legado perdurable de la civilización inca. Se ha convertido en una fuente de orgullo nacional y un punto focal para los esfuerzos de preservación cultural.

A nivel mundial, el atractivo de Machu Picchu sigue atrayendo a eruditos, turistas y aventureros. Su inclusión como sitio del Patrimonio Mundial de la UNESCO en 1983 ha ayudado a proteger y conservar sus estructuras, asegurando que las generaciones futuras puedan apreciar su valor histórico y cultural. El sitio atrae a cientos de miles de visitantes anualmente, lo que contribuye a la economía del Perú y promueve el conocimiento de las antiguas civilizaciones del país.

A pesar de su popularidad, Machu Picchu enfrenta desafíos relacionados con el turismo y la preservación. La afluencia de visitantes plantea riesgos para las frágiles estructuras y el medio ambiente circundante. Los esfuerzos para equilibrar el turismo con la conservación incluyen acceso regulado, programas de educación para visitantes e investigaciones arqueológicas en curso para descubrir más sobre la historia y la importancia del sitio.

Los misterios de Machu Picchu

Si bien se ha aprendido mucho sobre Machu Picchu desde su redescubrimiento, aún quedan muchos misterios. El propósito exacto de la ciudad, las razones de su abandono y el alcance total de su importancia siguen intrigando a investigadores e historiadores. Se han propuesto varias teorías, desde que fuera un retiro real y un santuario religioso hasta un centro de experimentación agrícola y un bastión contra los invasores españoles.

La cuestión de por qué se abandonó Machu Picchu también sigue sin resolverse. Algunos estudiosos sugieren que quedó desierto después de la conquista española, mientras que otros creen que pudo haber sido abandonado debido a una disminución de la población o cambios en las condiciones políticas y económicas dentro del Imperio Inca.

PARTE I: Antecedentes históricos

El imperio inca

El Imperio Inca, también conocido como Tawantinsuyu, fue el imperio más grande de la América precolombina y se extendió a lo largo de la costa occidental de América del Sur. Abarcó lo que hoy es Perú, Ecuador, Bolivia, Argentina, Chile y Colombia en su apogeo. Los incas llegaron al poder a principios del siglo XV y mantuvieron su dominio hasta la conquista española en el siglo XVI. Sus notables logros en administración, ingeniería y cultura siguen siendo temas de admiración y estudio, lo que refleja la sofisticación de su sociedad y su profundo impacto en la historia de la región.

Los orígenes del Imperio Inca se remontan a la pequeña ciudad andina de Cusco, que se convertiría en el corazón del imperio. Según la leyenda, los incas eran descendientes del dios sol Inti, y su primer gobernante, Manco Cápac, fue enviado a la tierra por Inti para establecer Cusco. Los relatos históricos sugieren que los primeros incas eran uno de los muchos estados pequeños y competidores de la región, pero a través de una combinación de alianzas estratégicas, conquistas militares y matrimonios diplomáticos, comenzaron a consolidar el poder y expandir su territorio.

El surgimiento del Imperio Inca está estrechamente asociado con el reinado de Pachacuti Inca Yupanqui, el noveno Sapa Inca, que gobernó desde 1438 hasta 1471. A Pachacuti se le atribuye la transformación del Reino de Cusco en el expansivo Tawantinsuyu. Su reinado marcó el comienzo de una era de rápida expansión y consolidación, durante la cual los incas implementaron sistemas administrativos sofisticados y desarrollaron una extensa infraestructura para administrar su creciente imperio. Las campañas militares de Pachacuti se caracterizaron por una fuerza formidable y una diplomacia estratégica, lo que permitió a los incas incorporar una amplia gama de culturas y regiones a su dominio.

La expansión del Imperio Inca continuó bajo los sucesores de Pachacuti, sobre todo su hijo, Túpac Inca Yupanqui, y su nieto, Huayna Cápac. Tupac Inca Yupanqui extendió el alcance del imperio hasta los actuales Ecuador y Chile, mientras que Huayna Capac se centró en consolidar y estabilizar el imperio, así como en ampliar aún más sus fronteras. La capacidad de los incas para mantener el control sobre un territorio tan vasto y diverso se vio facilitada por su avanzado sistema de carreteras, que abarcaba más de 40.000 kilómetros y conectaba incluso las regiones más remotas con la capital, Cuzco. Esta red de carreteras, puentes y estaciones de descanso permitió una comunicación eficiente, movimientos de tropas y distribución de recursos, reforzando la cohesión y estabilidad del imperio.

Ascenso y expansión

El ascenso y la expansión del Imperio Inca fueron impulsados por una combinación de destreza militar, diplomacia estratégica y prácticas administrativas innovadoras. Las conquistas iniciales de los incas bajo Pachacuti Inca Yupanqui sentaron las bases para su posterior expansión, ya que integraron a los pueblos conquistados mediante una combinación de fuerza y negociación. Las campañas militares de Pachacuti estuvieron marcadas por su eficiencia y eficacia, y a menudo implicaron ataques sorpresa y avances rápidos que abrumaron las defensas enemigas. Una vez conquistada una región, los incas implementaron políticas para integrar a la población local, incluidos programas de reasentamiento, la introducción del quechua como idioma oficial y la imposición del sistema administrativo inca.

Una de las estrategias clave empleadas por los incas durante su expansión fue el uso de alianzas y matrimonios para asegurar la lealtad y cooperación de los gobernantes locales. Al casar a miembros de la familia real inca con las hijas de líderes conquistados, los incas pudieron establecer vínculos políticos y sociales que facilitaron la integración de nuevos territorios. Este enfoque ayudó a crear un sentido de unidad y lealtad hacia los Sapa Inca, reduciendo la probabilidad de rebelión y asegurando una transición de poder más fluida.

Los incas también dependían de su sofisticada red de carreteras para mantener el control de su vasto imperio.

El Qhapaq Ñan, o Gran Camino Inca, fue una hazaña de ingeniería monumental que conectaba los cuatro suyus o regiones del imperio con la capital, Cusco. Esta red de caminos y puentes permitió el rápido movimiento de ejércitos, mensajeros y mercancías, lo que permitió a los incas responder rápidamente a las amenazas y mantener una gobernanza eficaz. El sistema de carreteras estaba sostenido por una serie de tambos o estaciones de descanso, que proporcionaban alimento, refugio y suministros a viajeros y funcionarios. Estos tambos desempeñaron un papel crucial al facilitar la comunicación y el comercio en todo el imperio, asegurando que incluso las regiones más remotas permanecieran conectadas a la autoridad central.

La capacidad de los incas para integrar y gobernar una gama tan diversa de culturas y regiones se vio respaldada aún más por sus prácticas administrativas. El imperio estaba dividido en cuatro suyus, cada uno gobernado por un funcionario designado conocido como apu. Estos apus reportaban directamente al Sapa Inca y eran responsables de supervisar la administración, las actividades militares y económicas dentro de sus respectivas regiones. Los incas también emplearon un sistema de quipus, o cuerdas anudadas, para registrar información y gestionar recursos. Este sistema permitió un mantenimiento de registros y una comunicación eficientes, lo que permitió al gobierno central monitorear y controlar la distribución de bienes y mano de obra en todo el imperio.

Sociedad y Cultura

La sociedad inca estaba altamente estratificada y organizada, con una jerarquía social rígida que determinaba el estatus y el papel de un individuo dentro del imperio. En la cima de esta jerarquía estaba el Sapa Inca, considerado un gobernante divino y descendiente directo del dios sol Inti. El Sapa Inca ejercía autoridad absoluta sobre el imperio y era responsable de mantener el bienestar y la prosperidad de sus súbditos. Debajo del Sapa Inca estaban las clases nobles, que incluían funcionarios de alto rango, sacerdotes y líderes militares. Estos individuos desempeñaron papeles cruciales en la administración y el gobierno del imperio, así como en el mantenimiento de las prácticas religiosas y culturales.

La gente común, o hatun runa, constituía la mayoría de la población inca y era responsable de las actividades agrícolas, artesanales y laborales que sustentaban al imperio. Los incas empleaban un sistema de impuestos laborales conocido como mita, que requería que cada hogar contribuyera con una cierta cantidad de trabajo a proyectos estatales, como la construcción de caminos, terrazas y edificios públicos. Este sistema no sólo proporcionó al imperio un suministro constante de mano de obra, sino que también ayudó a reforzar la jerarquía social y la autoridad central de los Sapa Inca.

La religión jugó un papel central en la sociedad y la cultura incas, con un panteón de dioses y diosas que se creía que influyeban en diversos aspectos de la vida y la naturaleza. El dios sol Inti era la deidad más importante, y el Sapa Inca era considerado su representante terrenal. Otros dioses importantes fueron Viracocha, el dios creador, y Pachamama, la diosa de la tierra. Las ceremonias y rituales religiosos eran una parte integral de la vida diaria, y los incas construyeron numerosos templos y santuarios para honrar a sus dioses y asegurarse su favor.

Los incas también dieron gran importancia al concepto de reciprocidad, que se reflejó en sus prácticas sociales y económicas. Este principio de ayuda mutua y cooperación era evidente en los ayllu, o grupos de parentesco, que formaban la unidad social básica de la sociedad inca. Los miembros de un ayllu trabajaban juntos para cultivar la tierra, criar ganado y apoyarse unos a otros en tiempos de necesidad. El sistema de ayllu ayudó a crear un sentido de comunidad y responsabilidad compartida, fomentando la cohesión social y la estabilidad dentro del imperio.

La cultura inca también se caracterizó por sus notables logros en el arte, la arquitectura y la ingeniería. Los incas eran hábiles canteros y sus edificios y estructuras fueron construidos con precisión y durabilidad. Ejemplos notables de la arquitectura inca incluyen la fortaleza de Sacsayhuamán, las terrazas agrícolas de Moray y la ciudad de Machu Picchu. Estas estructuras no sólo sirvieron para fines prácticos sino que también demostraron el ingenio de los incas y su capacidad para armonizar con su entorno natural.

Los incas también eran artesanos consumados que producían complejos textiles, cerámica y orfebrería. Sus textiles, en particular, eran muy apreciados y a menudo se utilizaban como ofrendas a los dioses o como símbolos de estatus y riqueza. Los incas utilizaban tintes naturales para crear colores vibrantes y empleaban complejas técnicas de tejido para producir patrones y diseños que tenían un significado cultural y simbólico.

Estructura política

La estructura política del Imperio Inca era altamente centralizada y jerárquica, diseñada para mantener la autoridad del Sapa Inca y asegurar la administración eficiente de los vastos territorios bajo control inca. En la cúspide de esta estructura estaba el Sapa Inca, que ejercía un poder absoluto y era considerado un líder tanto político como religioso. La autoridad del Sapa Inca estaba respaldada por una burocracia compleja que gestionaba varios aspectos de la gobernanza, incluidos los impuestos, la distribución de recursos y la gestión laboral.

El imperio estaba dividido en cuatro suyus o regiones, cada una gobernada por un apu designado por el Sapa Inca. Estas regiones eran Chinchaysuyu (noroeste), Antisuyu (noreste), Collasuyu (sureste) y Cuntisuyu (suroeste). Cada suyu estaba dividido en provincias, que eran supervisadas por administradores locales conocidos como tocricocs. Estos funcionarios eran responsables de implementar las políticas y directivas del gobierno central, así como de administrar los recursos y la mano de obra locales.

Una de las características clave del sistema político inca fue el uso de quipus, o cuerdas anudadas, para registrar y comunicar información. Los funcionarios utilizaron los quipus para rastrear varios tipos de datos, incluidas cifras de población, producción agrícola y contribuciones laborales. Este sistema de mantenimiento de registros permitió al gobierno central mantener el control sobre la distribución de los recursos y garantizar que se satisficieran las necesidades del imperio.

El sistema político inca también se basaba en el principio de reciprocidad, que se reflejaba en las relaciones entre el gobierno central y las comunidades locales. El Sapa Inca y sus funcionarios eran responsables de brindar protección, infraestructura y ceremonias religiosas, mientras que se esperaba que las comunidades locales contribuyeran con mano de obra y recursos para sostener al estado. Este intercambio mutuo ayudó a reforzar la autoridad del gobierno central y mantener la cohesión social dentro del imperio.

Los incas emplearon una variedad de estrategias para integrar y controlar las diversas poblaciones dentro de su imperio. Una de esas estrategias fue el sistema mitma, que implicó el reasentamiento de los pueblos conquistados en diferentes regiones del imperio. Al dispersar y mezclar poblaciones, los incas buscaron evitar el surgimiento de lealtades regionales y asegurar el dominio de la autoridad central. El sistema mitma también facilitó la difusión de la cultura, el idioma y las prácticas administrativas incas, consolidando aún más la unidad del imperio.

Además de sus prácticas administrativas y burocráticas, los incas mantuvieron una formidable presencia militar para hacer cumplir su autoridad y proteger sus territorios. El ejército inca estaba bien organizado y disciplinado, con soldados procedentes de todas las regiones del imperio. El servicio militar se consideraba un deber y un honor, y los soldados eran entrenados en diversas técnicas y estrategias de combate. Los incas también construyeron una red de fortalezas y puestos militares para defender sus fronteras y asegurar ubicaciones estratégicas clave.

La estructura política del Imperio Inca estaba sustentada por un fuerte énfasis en la lealtad y la lealtad al Sapa Inca. Esta lealtad se reforzó a través de diversos medios, incluidas ceremonias religiosas, proyectos de obras públicas y la distribución de bienes y recompensas. El Sapa Inca y sus funcionarios solían organizar grandes fiestas y ceremonias para honrar a los dioses y celebrar eventos importantes, durante los cuales distribuían comida, ropa y otros obsequios a la gente. Estos actos de generosidad ayudaron a cultivar un sentido de lealtad y gratitud hacia la autoridad central, asegurando el apoyo continuo de la población.

El sistema político del Imperio Inca era una estructura compleja y altamente organizada que permitía la administración eficiente de un territorio vasto y diverso. La autoridad central del Sapa Inca, apoyada por una red de funcionarios designados y prácticas burocráticas, aseguró la cohesión y estabilidad del imperio. El uso de quipus para llevar registros, la implementación del sistema mitma y el mantenimiento de una formidable presencia militar fueron elementos clave de la estructura política inca. Este sistema permitió a los incas integrar y gobernar una amplia gama de culturas y regiones, creando un imperio unificado y próspero que fue un testimonio de su ingenio y habilidades organizativas.

El legado de los logros políticos, sociales y culturales del Imperio Inca continúa siendo celebrado y estudiado en la actualidad. La capacidad de los incas para crear y mantener un imperio tan vasto y sofisticado en el desafiante entorno andino es un testimonio de su ingenio y adaptabilidad. La influencia duradera de la cultura inca se puede ver en las tradiciones, idiomas y comunidades del Perú actual y otras regiones de América del Sur. El estudio del Imperio Inca proporciona información valiosa sobre las complejidades de las civilizaciones precolombinas y sus contribuciones a la historia humana.

La construcción de Machu Picchu

Machu Picchu es un testimonio del ingenio arquitectónico y de ingeniería de la civilización inca. Construida a mediados del siglo XV durante el reinado del emperador inca Pachacuti, esta antigua ciudad fue construida con notable precisión y sofisticación. La ubicación elegida para Machu Picchu, en lo alto de la Cordillera de los Andes del Perú, es a la vez estratégica e impresionante, y ofrece impresionantes vistas del paisaje circundante y una sensación de aislamiento y protección. La construcción de Machu Picchu implicó la meticulosa planificación y ejecución de una variedad de técnicas de construcción, mostrando el dominio de los incas de su entorno natural y su capacidad para crear estructuras duraderas.

El primer paso en el proceso de construcción fue la preparación del sitio. Las empinadas laderas de la montaña estaban cuidadosamente escalonadas para crear áreas planas para la construcción y la agricultura. Estas terrazas no sólo proporcionaron espacio para la construcción sino que también ayudaron a estabilizar la ladera de la montaña, evitando la erosión y los deslizamientos de tierra. Los incas utilizaban una técnica conocida como mampostería de piedra seca, en la que las piedras se cortaban para encajar sin el uso de mortero. Este método permitió que las estructuras resistieran la frecuente actividad sísmica de la región, ya que las piedras podían moverse ligeramente sin colapsar.

Los materiales utilizados para la construcción fueron de origen local. El granito, el principal material de construcción, se extraía de las montañas circundantes. Los incas emplearon una variedad de herramientas, incluidos martillos de piedra y cinceles, para dar forma a los bloques de granito. La precisión con la que se cortaron y encajaron estas piedras es uno de los aspectos más destacables de la construcción de Machu Picchu. Algunas de las piedras pesan varias toneladas, pero fueron transportadas y colocadas con tal precisión que a menudo resulta difícil insertar la hoja de un cuchillo entre ellas.

Uno de los desafíos clave en la construcción de Machu Picchu fue proporcionar un suministro confiable de agua. Los incas abordaron esto desarrollando un intrincado sistema de acueductos y fuentes que canalizaban el agua de manantiales naturales ubicados más arriba de la montaña. Este sistema aseguró un suministro constante de agua dulce para los habitantes de Machu Picchu y contribuyó a la autosuficiencia de la ciudad. Los acueductos fueron cuidadosamente diseñados para controlar el flujo de agua y evitar inundaciones, lo que demuestra el conocimiento avanzado de la hidráulica de los incas.

La construcción de Machu Picchu no fue sólo una hazaña de ingeniería sino también una expresión de las creencias cosmológicas y religiosas de los incas. El diseño de la ciudad se divide en dos áreas principales: el sector agrícola, que incluye las terrazas y edificios de almacenamiento, y el sector urbano, que contiene templos, plazas y estructuras residenciales. La disposición de estas áreas refleja el doble enfoque de los incas en preocupaciones prácticas y espirituales, con el sector agrícola apoyando las necesidades físicas de la comunidad y el sector urbano sirviendo como centro para actividades religiosas y ceremoniales.

Maravillas arquitectónicas

Machu Picchu es famoso por sus maravillas arquitectónicas, que incluyen una variedad de estructuras que reflejan la habilidad y creatividad de los incas. Entre los edificios más significativos se encuentran el Templo del Sol, la Sala de las Tres Ventanas y la Piedra del Intihuatana, cada uno de los cuales tiene un profundo significado cultural y religioso.

El Templo del Sol es una de las estructuras más importantes de Machu Picchu. Su diseño semicircular y sus muros de piedra finamente tallados demuestran la sofisticación arquitectónica de los Incas. El templo probablemente se usaba para ceremonias relacionadas con el culto a Inti, el dios del sol. Durante el solsticio de invierno, la luz del sol ingresa por una de las ventanas del templo e ilumina un punto específico dentro de la estructura, resaltando la comprensión precisa de los movimientos solares por parte de los incas y su integración de la astronomía en sus prácticas religiosas.

La Sala de las Tres Ventanas es otra estructura notable, llamada así por sus tres ventanas trapezoidales que dan al sol naciente. Se cree que estas ventanas simbolizan los tres reinos de la cosmología inca: el inframundo, el reino terrenal y los cielos. La alineación de la habitación con el amanecer enfatiza aún más la importancia del sol en la religión inca y su papel como fuente de vida y energía.

La piedra del Intihuatana, a menudo denominada "el poste de enganche del sol", es un pilar de roca tallado que se utilizaba para observaciones y rituales astronómicos. La alineación precisa de la piedra con los puntos cardinales y su uso para seguir los movimientos del sol indican su importancia como herramienta tanto para fines prácticos como ceremoniales. Los incas creían que la piedra del Intihuatana tenía el poder de "enganchar" al sol y asegurar su paso constante por el cielo, manteniendo el ciclo de las estaciones esenciales para la agricultura.

Además de estas estructuras importantes, Machu Picchu contiene muchos otros edificios, incluidas áreas residenciales, instalaciones de almacenamiento y centros administrativos. La capacidad de los incas para construir una gama tan diversa de estructuras, cada una con su propia función y diseño específicos, subraya su experiencia arquitectónica y su capacidad para crear un entorno urbano cohesivo y funcional.

Técnicas de ingeniería

Las técnicas de ingeniería empleadas en la construcción de Machu Picchu son un testimonio del ingenio de los incas y su capacidad para superar los desafíos que plantea el terreno montañoso. El uso de mampostería de piedra seca es una de las técnicas más notables, que permitió a los incas construir estructuras duraderas y flexibles. Este método implicó seleccionar y dar forma cuidadosamente a las piedras para que encajaran sin mortero, creando paredes que pudieran absorber y disipar la energía de los terremotos.

Las terrazas fueron otra técnica de ingeniería crucial utilizada en Machu Picchu. Las empinadas laderas de la montaña se transformaron en una serie de terrazas escalonadas, que cumplían múltiples propósitos. Las terrazas proporcionaban superficies planas para la agricultura, lo que permitía a los incas cultivar cultivos como maíz y patatas. También ayudaron a estabilizar la ladera de la montaña, evitando la erosión y los deslizamientos de tierra. La construcción de las terrazas implicó el uso de muros de contención y un sistema de drenaje para gestionar el flujo de agua y mantener la fertilidad del suelo.

Los incas también desarrollaron un sistema avanzado de gestión del agua para garantizar un suministro confiable de agua dulce. Este sistema incluía acueductos, fuentes y canales de drenaje que canalizaban el agua de manantiales naturales más arriba de la montaña. Los acueductos fueron construidos con precisión para controlar el flujo de agua y evitar inundaciones, mientras que las fuentes y canales de drenaje distribuían el agua por toda la ciudad. Este sistema no solo cubría las necesidades diarias de los habitantes sino que también apoyaba las actividades agrícolas y mantenía la salud general del ecosistema.

La comprensión de los incas sobre la hidráulica y su capacidad para diseñar e implementar un sistema de gestión del agua tan sofisticado es uno de los aspectos más impresionantes de la construcción de Machu Picchu. El uso de la gravedad para mover el agua, la cuidadosa alineación de los acueductos y la integración del sistema de agua en el diseño general de la ciudad reflejan un profundo conocimiento de los principios de ingeniería y un compromiso para crear un entorno sostenible y funcional.

Propósito y función

El propósito y la función de Machu Picchu han sido objeto de mucha especulación e investigación desde su redescubrimiento. Si bien las razones exactas de su construcción y eventual abandono siguen siendo inciertas, se han propuesto varias teorías para explicar su papel dentro del Imperio Inca.

Una teoría ampliamente aceptada es que Machu Picchu sirvió como propiedad real del emperador Pachacuti.

Los lujosos edificios, los elaborados templos y la ubicación estratégica de la ciudad sugieren que fue concebida como un retiro para la élite inca, proporcionando un lugar para el descanso, el culto y la administración lejos de la bulliciosa capital del Cuzco. La presencia de mampostería de alta calidad, extensas terrazas agrícolas y sofisticados sistemas de gestión del agua respaldan esta teoría, lo que indica que Machu Picchu fue diseñado para sustentar a una población relativamente grande y rica.

Otra teoría postula que Machu Picchu fue un centro religioso y ceremonial. La alineación de estructuras clave con eventos astronómicos, la presencia de templos y santuarios y la ubicación aislada de la ciudad sugieren que tenía una importancia espiritual significativa. El Templo del Sol, la piedra del Intihuatana y otros sitios religiosos dentro de Machu Picchu habrían proporcionado lugares para importantes rituales y ceremonias, atrayendo a peregrinos y reforzando la autoridad espiritual del liderazgo inca.

Es posible que Machu Picchu también haya servido como centro administrativo y económico, supervisando la región circundante y gestionando la producción y distribución de bienes. La ubicación estratégica de la ciudad a lo largo del sistema de caminos inca habría facilitado la comunicación y el comercio, mientras que sus terrazas agrícolas e instalaciones de almacenamiento habrían sustentado una comunidad estable y autosuficiente. Este papel multifuncional habría convertido a Machu Picchu en una parte integral de la red administrativa del Imperio Inca, vinculándolo con otros sitios y regiones clave.

La pregunta de por qué se abandonó Machu Picchu sigue siendo uno de los aspectos más intrigantes de su historia. Algunos estudiosos sugieren que la ciudad quedó desierta después de la conquista española, ya que la población inca fue diezmada por las enfermedades y los conflictos. Otros creen que Machu Picchu pudo haber sido abandonado antes, debido a una disminución de la población o cambios en las condiciones políticas y económicas dentro del imperio. La falta de registros históricos dificulta determinar las razones exactas de su abandono, pero las investigaciones arqueológicas en curso continúan arrojando luz sobre este misterio.

Machu Picchu es un monumento a los logros arquitectónicos y de ingeniería de la civilización inca. Su construcción, caracterizada por la precisión y la innovación, refleja la capacidad de los incas para adaptarse a su entorno y crear estructuras duraderas. Las maravillas arquitectónicas, las técnicas de ingeniería y el complejo sistema de gestión del agua de la ciudad subrayan el conocimiento avanzado de los incas y su capacidad para armonizar con la naturaleza.

El propósito y la función de Machu Picchu siguen siendo temas de fascinación y debate, con teorías que sugieren que sirvió como propiedad real, centro religioso y centro administrativo. A pesar de las incertidumbres que rodean su historia, la importancia de Machu Picchu como tesoro cultural e histórico es innegable. Su redescubrimiento ha proporcionado información invaluable sobre el Imperio Inca, y las investigaciones en curso continúan revelando nuevos aspectos de esta enigmática ciudad.

El legado de Machu Picchu perdura no sólo como símbolo del ingenio inca sino también como fuente de inspiración y asombro para personas de todo el mundo. La preservación y el estudio de esta antigua ciudad ofrecen una ventana a una civilización extraordinaria y nos recuerdan la capacidad humana duradera de creatividad, resiliencia e innovación.

PARTE II: El Descubrimiento

La expedición de Hiram Bingham

La expedición de Hiram Bingham a Machu Picchu es uno de los descubrimientos arqueológicos más importantes del siglo XX. Nacido en 1875, Bingham fue un académico, historiador y explorador estadounidense cuyo interés por la historia de América del Sur lo llevó a descubrir la antigua ciudad inca. En 1911, se embarcó en un viaje que no sólo cambiaría su vida sino que también transformaría nuestra comprensión de la civilización inca. Su expedición estuvo impulsada por una combinación de curiosidad académica y el espíritu aventurero que caracterizó gran parte de la exploración de principios del siglo XX.

El interés inicial de Bingham por los incas se despertó durante sus viajes por América del Sur. Mientras estudiaba en Lima, Perú, escuchó historias de una ciudad perdida que había eludido a los conquistadores españoles y a los exploradores posteriores. La idea de encontrar una ciudad así cautivó la imaginación de Bingham. Le intrigaban especialmente las referencias a Vitcos, el último refugio de los gobernantes incas después de la conquista española. Esta curiosidad, combinada con su formación académica y el apoyo de la Universidad de Yale y la National Geographic Society, preparó el escenario para su innovadora expedición.

El viaje para descubrir Machu Picchu estuvo plagado de desafíos. El terreno accidentado de los Andes, junto con la falta de mapas detallados, hicieron de la expedición una empresa formidable. Bingham reunió un equipo que incluía guías locales, porteadores y arrieros, todos esenciales para recorrer los difíciles caminos y transportar suministros. Los desafíos logísticos fueron inmensos y requirieron una planificación y coordinación cuidadosas. Sin embargo, la determinación y el liderazgo de Bingham mantuvieron al equipo concentrado en su objetivo.

viaje a los andes

El viaje de Bingham a los Andes comenzó en la ciudad de Cusco, la capital histórica del Imperio Inca. Desde allí, viajó al valle de Urubamba, guiado por agricultores locales que estaban familiarizados con los remotos y a menudo traicioneros senderos de montaña. El viaje fue arduo, y el equipo atravesó pendientes pronunciadas, vegetación densa y senderos estrechos que se aferraban a los lados de los acantilados. Las exigencias físicas de la expedición pusieron a prueba la resistencia y la resiliencia de todos los involucrados.

A medida que el equipo se adentró en las montañas, se encontraron con numerosos obstáculos. El clima impredecible de los Andes, con sus repentinas tormentas y espesa niebla, a menudo oscurecía su camino e hacía que el progreso fuera lento y peligroso. La altitud planteó otro desafío importante, ya que el aire enrarecido provocó fatiga y mal de altura entre los miembros de la expedición. A pesar de estas dificultades, la determinación de Bingham nunca flaqueó. Sus meticulosas notas y su cuidadosa documentación del viaje proporcionan un relato vívido de las pruebas que enfrentaron.

El 24 de julio de 1911, después de varios días de extenuante caminata, Bingham y su equipo llegaron a una cresta que dominaba el río Urubamba. Allí conocieron a un niño quechua local llamado Pablito Álvarez, quien se ofreció a mostrarles la ubicación de las ruinas. Intrigado y esperanzado, Bingham siguió a Álvarez a través de la densa maleza y las empinadas pendientes. A medida que ascendían, los primeros atisbos de las antiguas terrazas y estructuras de piedra comenzaron a emerger del follaje, insinuando la grandeza de lo que les esperaba.

Encuentro con las ruinas

El momento en que Bingham vio por primera vez las ruinas de Machu Picchu fue la culminación de sus esfuerzos y un hito importante en la historia de la arqueología. Emergiendo de la espesa vegetación, la vista de la antigua ciudad encaramada en lo alto de la cresta de la montaña era a la vez impresionante y surrealista. Las ruinas, envueltas en niebla y rodeadas por la exuberante vegetación de los Andes, presentaban un escenario de impresionante belleza y profundo significado histórico. La reacción inicial de

Bingham fue de asombro y asombro ante la escala y la preservación del sitio.

Las ruinas de Machu Picchu consistían en numerosos edificios de piedra, terrazas y plazas, todos meticulosamente construidos con la precisión característica de los incas. Bingham reconoció de inmediato la importancia del sitio y el potencial que tenía para comprender la cultura y la historia incas. El gran tamaño y complejidad de la ciudad sugerían que había sido un centro importante para los incas, posiblemente sirviendo como propiedad real o santuario religioso. El ingenio arquitectónico y la armonía de las estructuras con su entorno natural decían mucho sobre las avanzadas habilidades de ingeniería de los incas y su profunda conexión con la tierra.

Al explorar más el sitio, Bingham y su equipo documentaron varias características de las ruinas. Identificaron estructuras clave como el Templo del Sol, la piedra del Intihuatana y la Tumba Real, cada una de las cuales proporcionó información sobre las prácticas religiosas y ceremoniales de los incas. Las terrazas, que cubrían las empinadas laderas de la montaña, eran evidencia de las sofisticadas técnicas agrícolas utilizadas por los incas para sustentar a su población. La presencia de estas terrazas, junto con la intrincada mampostería de los edificios, subrayó la capacidad de los incas para adaptarse y prosperar en el desafiante entorno montañoso.

El encuentro con las ruinas de Machu Picchu también destacó la importancia del conocimiento local en los descubrimientos arqueológicos. La guía del niño quechua, Pablito Álvarez, y la información proporcionada por otros agricultores locales fueron fundamentales para llevar a Bingham al sitio. Esta colaboración entre las comunidades locales y los exploradores extranjeros fue crucial para descubrir los tesoros escondidos del pasado. El respetuoso reconocimiento de Bingham a las contribuciones de sus guías locales sentó un precedente para futuros trabajos arqueológicos en la región.

Impresiones iniciales y documentación.

Las impresiones iniciales de Bingham sobre Machu Picchu estuvieron determinadas por su formación académica y su pasión por la historia. Inmediatamente reconoció el potencial del sitio para revolucionar la comprensión de la civilización inca. En sus escritos, describió las ruinas como una "ciudad perdida" que había estado oculta al mundo durante siglos. Su sensación de asombro y entusiasmo es evidente en sus descripciones detalladas de la arquitectura, el paisaje y el ambiente general del sitio.

La documentación de Bingham sobre Machu Picchu fue meticulosa y completa. Tomó extensas notas sobre el diseño y la estructura de la ciudad, trazando cuidadosamente sus diversos componentes. También fotografió las ruinas, capturando imágenes que luego se convertirían en representaciones icónicas de Machu Picchu. Estas fotografías desempeñaron un papel crucial a la hora de transmitir la importancia del descubrimiento al mundo en general, proporcionando evidencia visual de la grandeza y complejidad del sitio.

Además de sus registros escritos y fotográficos, Bingham coleccionó artefactos de Machu Picchu, entre ellos cerámica, herramientas y textiles. Estos artefactos proporcionaron información valiosa sobre la vida cotidiana de los habitantes y las prácticas culturales de la civilización inca. La cuidadosa excavación y preservación de estos elementos por parte de Bingham demostró su compromiso con la investigación científica y su comprensión de la importancia de preservar la evidencia histórica para estudios futuros.

Las impresiones iniciales y la documentación de Bingham sobre Machu Picchu también reflejaron sus objetivos más amplios como explorador e historiador. No sólo buscó descubrir los restos físicos del pasado sino también comprender el contexto cultural e histórico en el que fueron creados. Sus escritos enfatizaron la necesidad de ver Machu Picchu dentro del marco más amplio de la historia inca, reconociéndolo como parte de una civilización sofisticada y altamente organizada que había logrado hazañas notables en arquitectura, ingeniería y agricultura.

El descubrimiento de Machu Picchu por parte de Bingham fue recibido con gran aclamación y fascinación. Sus relatos de la expedición se publicaron en la revista National Geographic, capturando la imaginación de lectores de todo el mundo y despertando un interés renovado en la historia y la arqueología incas. La publicación de sus hallazgos ayudó a asegurar fondos para futuras investigaciones y esfuerzos de preservación, asegurando que Machu Picchu sería estudiado y protegido para las generaciones futuras.

El legado de la expedición de Hiram Bingham a Machu Picchu se extiende más allá del descubrimiento de las ruinas mismas. Su trabajo sentó las bases para una comprensión más profunda de la civilización inca y sus logros. También destacó la importancia de la colaboración entre las comunidades locales y los investigadores extranjeros para descubrir y preservar el pasado. El enfoque respetuoso de Bingham hacia la cultura local y su reconocimiento de las contribuciones de sus guías establecieron un estándar para la práctica arqueológica ética y responsable.

La expedición de Bingham a Machu Picchu sigue siendo un momento decisivo en la historia de la arqueología. Su viaje a los Andes, su encuentro con las ruinas y su meticulosa documentación del sitio han dejado un legado perdurable que continúa inspirando a académicos, exploradores y entusiastas de la historia por igual. El descubrimiento de Machu Picchu no sólo reveló un tesoro escondido de la civilización inca sino que también profundizó nuestro aprecio por el ingenio y la resistencia de las culturas antiguas. El trabajo de Bingham sirve como recordatorio de las profundas conexiones entre el pasado y el presente y la importancia de preservar nuestro patrimonio compartido para las generaciones futuras.

Viaje a los Andes

El viaje a los Andes fue una fase ardua y crítica de la expedición de Hiram Bingham. Partiendo de Cusco, la capital histórica del Imperio Inca, Bingham y su equipo se aventuraron en el terreno accidentado y a menudo peligroso de la Cordillera de los Andes. El viaje en sí fue un testimonio de la determinación y perseverancia de Bingham y su equipo, quienes enfrentaron numerosos desafíos a lo largo del camino.

Viajar por los Andes no fue poca cosa. La geografía de la región se caracteriza por montañas escarpadas, valles profundos y un clima impredecible. El equipo de Bingham tuvo que recorrer estrechos senderos de montaña que se adherían precariamente a los lados de los acantilados, a menudo envueltos en una densa niebla o azotados por tormentas repentinas. Las exigencias físicas del viaje fueron inmensas, y el equipo tuvo que soportar largas horas de caminata, a menudo a grandes altitudes donde el aire era escaso y difícil respirar.

Los desafíos logísticos de la expedición fueron igualmente abrumadores. Bingham tuvo que asegurarse de que su equipo estuviera bien equipado con suministros, incluidos alimentos, agua y equipo para acampar. El uso de animales de carga, como mulas y llamas, era fundamental para transportar las pesadas cargas necesarias para el viaje. Estos animales eran vitales para transportar no sólo las necesidades básicas sino también el equipo científico necesario para documentar la expedición y preservar cualquier artefacto que pudieran encontrar.

A lo largo del viaje, Bingham confió en gran medida en el conocimiento y la experiencia de guías y porteadores locales. Estos individuos estaban familiarizados con el terreno y podían recorrer los peligrosos caminos con facilidad. Su asistencia fue crucial para llevar al equipo a áreas remotas y brindar información sobre la geografía y la cultura locales. La respetuosa colaboración de Bingham con sus guías locales ejemplificó la importancia de integrar el conocimiento local en la exploración científica.

Uno de los momentos clave del viaje ocurrió cuando Bingham y su equipo llegaron al valle de Urubamba. Este fértil valle, situado a lo largo del río Urubamba, era conocido por sus ricas tierras agrícolas y su importancia histórica dentro del Imperio Inca. Desde aquí, el equipo siguió la guía de los agricultores locales que conocían las antiguas ruinas escondidas en las montañas. Las historias y direcciones de los agricultores fueron fundamentales para llevar a Bingham al descubrimiento de Machu Picchu.

A medida que el equipo ascendía las empinadas laderas que conducían a Machu Picchu, los desafíos del viaje se hicieron aún más evidentes. La densa vegetación y el terreno accidentado hicieron que el avance fuera lento y difícil. Sin embargo, la vista que les esperaba al final de su arduo ascenso fue nada menos que extraordinaria. Al salir del espeso follaje, Bingham y su equipo fueron recibidos por la impresionante vista de Machu Picchu, con sus estructuras de piedra elevándose majestuosamente desde la cima de la montaña.

Encuentro con las ruinas

El encuentro con las ruinas de Machu Picchu marcó un momento decisivo en la expedición de Hiram Bingham. Cuando Bingham y su equipo emergieron de la densa jungla, se encontraron con la impresionante vista de la antigua ciudad, con sus terrazas de piedra y edificios apareciendo casi mágicamente entre la niebla. El descubrimiento de Machu Picchu no sólo fue un hallazgo arqueológico importante, sino también una experiencia profundamente emotiva y transformadora para Bingham y su equipo.

El sitio inicial de Machu Picchu dejó a Bingham y su equipo en un estado de asombro y asombro. Las ruinas, encaramadas en lo alto de una montaña y rodeadas por la exuberante vegetación de los Andes, presentaban un escenario de belleza y misterio incomparables. La ciudad parecía ser una extensión natural del paisaje, con sus estructuras de piedra mezclándose perfectamente con el entorno circundante. Las terrazas, muros y edificios estaban notablemente bien conservados, lo que permitía vislumbrar la destreza arquitectónica y de ingeniería de la civilización inca.

Las primeras impresiones de Bingham sobre Machu Picchu se caracterizaron por un profundo sentimiento de asombro y respeto por el ingenio y la artesanía de los incas. La escala y complejidad del sitio, combinadas con su ubicación remota y aislada, sugerían que había sido un lugar de gran importancia. La intrincada mampostería, con sus piedras cortadas y encajadas con precisión, era un testimonio de las avanzadas técnicas de construcción empleadas por los incas. Bingham reconoció que se había topado con un sitio de inmensa importancia histórica y cultural.

Mientras Bingham y su equipo exploraban las ruinas, comenzaron a documentar las diversas características del sitio. Identificaron estructuras clave como el Templo del Sol, la piedra del Intihuatana y la Tumba Real, cada una de las cuales proporcionó información valiosa sobre las prácticas religiosas y ceremoniales de los incas. Particularmente llamativo fue el Templo del Sol, con su diseño semicircular y sus muros de piedra finamente trabajados. Bingham notó su alineación con los movimientos del sol, sugiriendo su papel en el culto solar y las observaciones astronómicas.

La piedra del Intihuatana, un pilar de roca tallado que se cree que se utilizó con fines astronómicos y rituales, fue otro descubrimiento importante. Bingham se maravilló de su alineación precisa con los puntos cardinales y de su uso potencial como herramienta para seguir los movimientos del sol. La presencia de un instrumento astronómico tan avanzado subrayó la profunda comprensión de los incas sobre los fenómenos celestes y su integración de este conocimiento en sus prácticas religiosas y culturales.

El encuentro con las ruinas también destacó la importancia del conocimiento local en el descubrimiento de Machu Picchu. El viaje de Bingham al sitio estuvo guiado por los conocimientos e indicaciones proporcionados por los agricultores y aldeanos locales, cuya familiaridad con el paisaje y sus tesoros escondidos fue invaluable. La colaboración entre Bingham y sus guías locales ejemplificó el papel crucial de las comunidades locales en el descubrimiento y preservación de sitios históricos.

Impresiones iniciales y documentación.

Las impresiones iniciales de Hiram Bingham sobre Machu Picchu estuvieron moldeadas por una profunda sensación de asombro y un profundo aprecio por la importancia histórica del sitio. Desde el momento en que vio las ruinas por primera vez, Bingham reconoció el potencial de Machu Picchu para revolucionar la comprensión de la civilización inca. Su reacción inmediata fue de asombro y respeto por los logros arquitectónicos y de ingeniería de los incas, y su documentación posterior del sitio reflejó su dedicación a preservar y compartir este notable descubrimiento con el mundo.

La meticulosa documentación de Bingham sobre Machu Picchu comenzó con notas y bocetos detallados del diseño y las estructuras del sitio. Trazó cuidadosamente un mapa de los diversos edificios, terrazas y plazas, proporcionando una descripción completa del diseño y la organización de la ciudad. Sus notas incluían descripciones de la mampostería, la alineación de las estructuras con eventos astronómicos y las funciones potenciales de diferentes áreas dentro de la ciudad. La atención de Bingham al detalle y su enfoque metódico para registrar sus observaciones fueron cruciales para crear un registro preciso y duradero del sitio.

La fotografía jugó un papel central en los esfuerzos de documentación de Bingham. Tomó numerosas fotografías de las ruinas, capturando la intrincada mampostería, las amplias terrazas y las impresionantes vistas del paisaje circundante. Estas fotografías proporcionaron evidencia visual de la grandeza y complejidad del sitio, permitiendo al mundo en general apreciar la belleza y la importancia de Machu Picchu. Las fotografías de Bingham se convirtieron en representaciones icónicas del sitio, lo que despertó un interés y una fascinación generalizados por el descubrimiento.

Además de sus registros escritos y fotográficos, Bingham coleccionó artefactos de Machu Picchu, entre ellos cerámica, herramientas y textiles. Estos artefactos proporcionaron información valiosa sobre la vida cotidiana de los habitantes y las prácticas culturales de la civilización inca. La cuidadosa excavación y preservación de estos elementos por parte de Bingham demostró su compromiso con la investigación científica y su comprensión de la importancia de preservar la evidencia histórica para estudios futuros.

Las impresiones y documentación iniciales de Bingham sobre Machu Picchu estuvieron determinadas por sus objetivos más amplios como explorador e historiador. No sólo buscó descubrir los restos físicos del pasado sino también comprender el contexto cultural e histórico en el que fueron creados. Sus escritos enfatizaron la necesidad de ver Machu Picchu dentro del marco más amplio de la historia inca, reconociéndolo como parte de una civilización sofisticada y altamente organizada que había logrado hazañas notables en arquitectura, ingeniería y agricultura.

El descubrimiento de Machu Picchu por parte de Bingham fue recibido con gran aclamación y fascinación. Sus relatos de la expedición se publicaron en la revista National Geographic, capturando la imaginación de lectores de todo el mundo y despertando un interés renovado en la historia y la arqueología incas. La publicación de sus hallazgos ayudó a asegurar fondos para futuras investigaciones y esfuerzos de preservación, asegurando que Machu Picchu sería estudiado y protegido para las generaciones futuras.

El legado de la expedición de Hiram Bingham a Machu Picchu se extiende más allá del descubrimiento de las ruinas mismas. Su trabajo sentó las bases para una comprensión más profunda de la civilización inca y sus logros. También destacó la importancia de la colaboración entre las comunidades locales y los investigadores extranjeros para descubrir y preservar el pasado. El enfoque respetuoso de Bingham hacia la cultura local y su reconocimiento de las contribuciones de sus guías establecieron un estándar para la práctica arqueológica ética y responsable.

La expedición de Hiram Bingham a Machu Picchu sigue siendo un momento decisivo en la historia de la arqueología. Su viaje a los Andes, su encuentro con las ruinas y su meticulosa documentación del sitio han dejado un legado perdurable que continúa inspirando a académicos, exploradores y entusiastas de la historia por igual. El descubrimiento de Machu Picchu no sólo reveló un tesoro escondido de la civilización inca sino que también profundizó nuestro aprecio por el ingenio y la resistencia de las culturas antiguas. El trabajo de Bingham sirve como recordatorio de las profundas conexiones entre el pasado y el presente y la importancia de preservar nuestro patrimonio compartido para las generaciones futuras.

Investigaciones tempranas y excavaciones

Las primeras investigaciones y excavaciones en Machu Picchu marcaron el comienzo de una fascinación duradera por uno de los sitios arqueológicos más enigmáticos e icónicos del mundo. El descubrimiento de Machu Picchu por Hiram Bingham en 1911 inició una serie de esfuerzos exploratorios que cambiarían para siempre la comprensión de la civilización inca y su destreza arquitectónica. Bingham, un historiador y explorador estadounidense, se topó con el sitio durante una expedición apoyada por la Universidad de Yale y la National Geographic Society. Su descubrimiento, inicialmente percibido como un hallazgo monumental, pronto se convertiría en una rigurosa investigación científica que pretendía desentrañar los misterios de esta ciudad perdida.

La exploración inicial de Bingham de Machu Picchu estuvo impulsada por una combinación de curiosidad erudita y espíritu aventurero. Guiado por agricultores indígenas locales, Bingham navegó por la densa jungla y el terreno accidentado de la Cordillera de los Andes hasta llegar a las ruinas cubiertas de maleza. A su llegada, fue recibido por un extenso complejo de estructuras de piedra, terrazas y plazas, todas notablemente bien conservadas a pesar de siglos de abandono. Al reconocer la importancia de su hallazgo, Bingham se embarcó en una misión para documentar y excavar el sitio de forma sistemática.

El primer paso en la investigación de Bingham fue mapear meticulosamente el diseño de Machu Picchu. Él y su equipo llevaron a cabo extensos estudios para capturar la organización espacial de la ciudad, que incluía áreas residenciales, terrazas agrícolas y estructuras ceremoniales. Los desafíos topográficos del sitio, ubicado a casi 2.500 metros sobre el nivel del mar en una estrecha cresta montañosa, requirieron mediciones precisas y bocetos detallados. Estos estudios iniciales sentaron las bases para una comprensión integral de la planificación urbana y el ingenio arquitectónico de Machu Picchu.

Las excavaciones en Machu Picchu comenzaron en serio en 1912. El equipo de Bingham empleó métodos arqueológicos tradicionales, incluida la excavación estratigráfica y la recolección sistemática de artefactos. El objetivo principal era descubrir las capas de historia incrustadas dentro de las estructuras y artefactos del sitio. Las primeras excavaciones se centraron en limpiar la vegetación que había cubierto las ruinas, permitiendo un mejor acceso a los edificios y terrazas. Esta fase inicial de excavación reveló una riqueza de cultura material, incluyendo cerámica, herramientas y objetos ceremoniales, que proporcionaron información valiosa sobre la vida cotidiana y las prácticas espirituales de los habitantes incas.

Entre los primeros descubrimientos más importantes se encuentran las estructuras de piedra finamente elaboradas que salpicaban el paisaje. El Templo del Sol, por ejemplo, destacó por su sofisticada mampostería y alineamientos astronómicos. Este templo semicircular, construido con bloques de granito cortados con precisión, presentaba una serie de nichos y ventanas que se alineaban con los solsticios, indicando su papel en el culto solar de los incas. Otro hallazgo notable fue la piedra del Intihuatana, un pilar de roca intrincadamente tallado que se cree que funciona como un observatorio astronómico. Los ángulos y orientaciones precisos de la piedra del Intihuatana sugerían que se utilizaba para seguir los movimientos del sol y otros cuerpos celestes, lo que pone de relieve el conocimiento avanzado de la astronomía de los incas.

La excavación de zonas residenciales proporcionó más información sobre la organización social y económica de Machu Picchu. El equipo de Bingham descubrió una variedad de artefactos domésticos, incluidos fragmentos de cerámica, piedras de moler y utensilios de cocina. Estos elementos revelaron los hábitos alimentarios y prácticas culinarias de los residentes, quienes cultivaban cultivos como maíz, papa y quinua en las laderas en terrazas que rodean la ciudad. El descubrimiento de intrincadas terrazas agrícolas, construidas con muros de contención de piedra, demostró la experiencia de los incas en maximizar la tierra cultivable en un entorno montañoso. Estas terrazas no sólo proporcionaban alimento a los habitantes sino que también ayudaban a prevenir la erosión del suelo y gestionar el flujo de agua.

Además de los hallazgos domésticos y agrícolas, las excavaciones de Bingham descubrieron una serie de artefactos ceremoniales y rituales. Estos incluían altares de piedra, plataformas de sacrificios y una variedad de íconos religiosos. Un descubrimiento particularmente intrigante fue la Tumba Real, una estructura similar a una cueva debajo del Templo del Sol que contenía una gran cantidad de artículos ceremoniales, incluidas cerámicas finamente elaboradas, objetos metálicos y restos humanos. La presencia de tales elementos sugirió que Machu Picchu sirvió no sólo como un centro residencial y agrícola sino también como un importante centro ceremonial, posiblemente relacionado con las prácticas religiosas y reales de los incas.

El trabajo de Bingham en Machu Picchu no estuvo exento de escrutinio y controversia. Sus métodos, que implicaron retirar miles de artefactos y transportarlos a la Universidad de Yale, provocaron una disputa de larga data sobre la propiedad legítima de estos tesoros culturales. Las autoridades peruanas argumentaron que los artefactos eran parte de su patrimonio nacional y exigieron su devolución. Esta controversia puso de relieve cuestiones éticas más amplias relacionadas con las prácticas arqueológicas y las responsabilidades de los investigadores que trabajan en países extranjeros. A pesar de estos desafíos, las contribuciones de Bingham al estudio de Machu Picchu fueron innegables y proporcionaron una comprensión fundamental del significado histórico y cultural del sitio.

Las primeras investigaciones y excavaciones en Machu Picchu sentaron las bases para las generaciones posteriores de arqueólogos e historiadores. Los datos recopilados y los artefactos desenterrados durante las expediciones de Bingham ofrecieron una gran cantidad de información que continúa informando los estudios contemporáneos de la civilización inca. La meticulosa documentación de la arquitectura, la planificación urbana y la cultura material del sitio ha proporcionado información invaluable sobre los logros tecnológicos y artísticos de los incas.

Además, el trabajo de Bingham en Machu Picchu atrajo la atención mundial hacia el sitio, lo que impulsó mayores esfuerzos de exploración y conservación. Sus publicaciones y conferencias cautivaron la imaginación del público e inspiraron una nueva ola de interés académico en los Andes y sus civilizaciones antiguas. El legado de estas primeras excavaciones es evidente en la continua fascinación académica y popular por Machu Picchu, que sigue siendo uno de los sitios arqueológicos más visitados y estudiados del mundo.

Las primeras investigaciones y excavaciones en Machu Picchu fueron un momento crucial en la historia de la exploración arqueológica. El descubrimiento de Hiram Bingham y las investigaciones posteriores revelaron las complejidades y maravillas de esta ciudad perdida, ofreciendo una visión profunda de la civilización inca. A pesar de los desafíos y controversias que acompañaron estos primeros esfuerzos, el trabajo fundamental realizado por Bingham y su equipo ha dejado un legado duradero, proporcionando una rica fuente de conocimiento e inspiración para las generaciones futuras. Machu Picchu, con sus notables hazañas arquitectónicas y tesoros culturales, sigue siendo un testimonio del ingenio y la resistencia de los incas, y las primeras excavaciones siguen siendo una piedra angular de los estudios arqueológicos.

Hallazgos iniciales

Los hallazgos iniciales en Machu Picchu han moldeado profundamente la comprensión de la civilización inca, revelando el intrincado diseño de la ciudad, sus avanzadas técnicas de construcción y su importancia cultural. Cuando Hiram Bingham y su equipo comenzaron su trabajo a principios del siglo XX, se enfrentaron a un sitio que había estado oculto al mundo durante siglos, enclavado en lo alto de los Andes y envuelto en una densa vegetación. Sus excavaciones descubrieron una gran cantidad de artefactos y estructuras que proporcionaron información valiosa sobre la vida y la época de los incas.

Uno de los descubrimientos más significativos fue la sofisticación arquitectónica de Machu Picchu. El trazado de la ciudad, construida sobre una cresta montañosa a casi 2.500 metros sobre el nivel del mar, demostró un alto nivel de planificación urbana. La perfecta integración de la ciudad con su entorno natural, incluidas las terrazas excavadas en la ladera de la montaña, mostró una combinación armoniosa de naturaleza e ingenio humano. Estas terrazas no sólo apoyaron la agricultura al crear tierra cultivable, sino que también desempeñaron un papel crucial en el manejo de la escorrentía del agua y la prevención de la erosión del suelo, lo que demuestra el conocimiento avanzado de los incas en ingeniería y gestión ambiental.

La excavación del Templo del Sol fue particularmente reveladora. Esta estructura semicircular, construida con bloques de granito cortados con precisión, se utilizó con fines astronómicos y religiosos. Su alineación con los solsticios indicó que los incas tenían un conocimiento sofisticado de la astronomía, utilizando el templo para observar y posiblemente predecir eventos celestes. La piedra del Intihuatana, otro hallazgo significativo, sirvió como reloj o calendario astronómico. Su orientación precisa y sus superficies talladas le permitieron funcionar como un reloj de sol, ayudando a los incas a determinar el momento de las actividades agrícolas y las fiestas religiosas.

Las zonas residenciales permitieron vislumbrar la vida cotidiana de los habitantes de Machu Picchu. Las excavaciones revelaron casas construidas con piedras hábilmente colocadas, con techos de paja y pisos de piedra. El descubrimiento de artefactos domésticos, como cerámica, herramientas e implementos de cocina, ilustró el estilo de vida de los habitantes. Los fragmentos de cerámica ofrecieron pistas sobre las prácticas dietéticas, con evidencia de que cultivos como el maíz, las patatas y la quinua eran fundamentales para su dieta. Estos artefactos también sugirieron intercambio comercial y cultural, ya que algunos artículos tenían diseños y materiales que no eran nativos del área inmediata.

Las terrazas agrícolas fueron otro hallazgo crítico. Estas terrazas, sostenidas por muros de contención de piedra, se utilizaban para cultivar en el desafiante entorno montañoso. Los sofisticados sistemas de riego, incluidos canales y acueductos, proporcionaban un suministro constante de agua, esencial para la agricultura en este entorno de gran altitud. La escala y complejidad de estas características agrícolas subrayaron el ingenio de los incas para adaptar su entorno para sostener una comunidad próspera.

Los artefactos ceremoniales desenterrados en Machu Picchu resaltaron aún más su importancia cultural y religiosa. La Tumba Real, ubicada debajo del Templo del Sol, contenía cerámicas finamente elaboradas, objetos metálicos y restos humanos, lo que sugiere que era un lugar de enterramiento para personas de alto rango. Estos hallazgos apuntaron al papel de la ciudad como centro ceremonial, posiblemente sirviendo como lugar de peregrinación o retiro para la nobleza y los líderes religiosos incas. Las intrincadas tallas y la presencia de artefactos de élite indicaron la importancia de Machu Picchu en el paisaje espiritual y político del Imperio Inca.

Desafíos y controversias

Los desafíos y controversias en torno a la investigación y excavación de Machu Picchu han sido importantes. Uno de los principales desafíos fue la ubicación remota y accidentada del sitio. Situado en la cresta de una montaña, a Machu Picchu sólo se podía acceder a través de senderos empinados y traicioneros, lo que complicaba el transporte de equipos y suministros. La densa jungla que había cubierto las ruinas aumentó la dificultad y requirió una limpieza exhaustiva antes de que pudieran comenzar las excavaciones. Estos obstáculos logísticos exigieron recursos sustanciales y una planificación cuidadosa, lo que a menudo ralentizó el progreso de la investigación.

La interpretación de los hallazgos planteó otro desafío importante. Sin registros escritos dejados por los incas, los arqueólogos tuvieron que confiar en artefactos, características arquitectónicas y relatos de cronistas españoles para reconstruir la historia y el propósito de Machu Picchu. Esto llevó a varias teorías contrapuestas sobre la función del sitio. Algunos eruditos sugirieron que era una propiedad real del emperador inca Pachacuti, mientras que otros creían que servía como santuario religioso o fortaleza militar. La falta de evidencia definitiva dificultó llegar a un consenso, lo que generó debates continuos entre los investigadores.

También surgieron controversias sobre las implicaciones éticas de las excavaciones de Bingham.

Bingham sacó miles de artefactos de Machu Picchu y los transportó a la Universidad de Yale, donde fueron alojados en el Museo Peabody. Este acto desató una larga disputa entre Perú y Yale sobre la propiedad legítima de estos artefactos. Las autoridades peruanas argumentaron que los artículos eran parte de su patrimonio cultural y debían ser devueltos, mientras que Yale sostuvo que los artefactos estaban mejor conservados y estudiados en la universidad. Esta controversia puso de relieve cuestiones más amplias relacionadas con la ética de las prácticas arqueológicas, en particular las responsabilidades de los investigadores que trabajan en países extranjeros.

Además, se criticaron los métodos de Bingham y el posterior manejo de los artefactos. Algunos académicos argumentaron que la remoción de artefactos alteró el contexto histórico del sitio, lo que hizo más difícil comprender el uso y el significado original de los artículos. La disputa sobre la repatriación de los artefactos también llamó la atención sobre la importancia de respetar las culturas indígenas y su patrimonio, enfatizando la necesidad de enfoques colaborativos en la investigación y preservación arqueológica.

Esfuerzos de preservación

Los esfuerzos de preservación en Machu Picchu han sido esenciales para mantener la integridad del sitio en medio de amenazas crecientes. Reconociendo su importancia cultural e histórica, el gobierno peruano, junto con organizaciones internacionales, ha implementado medidas para proteger Machu Picchu de la degradación ambiental y los impactos del turismo. Los primeros esfuerzos de preservación se centraron en estabilizar las estructuras de piedra, restaurar las áreas dañadas y controlar la vegetación que amenazaba con crecer demasiado sobre las ruinas. Estos esfuerzos fueron cruciales para evitar un mayor deterioro del sitio.

Una de las iniciativas de preservación más importantes fue el establecimiento del Santuario Histórico de Machu Picchu en 1981. Esta designación proporcionó un marco legal para la protección y gestión del sitio, equilibrando las necesidades de la investigación arqueológica, el turismo y la conservación. El estatus de santuario ayudó a asegurar fondos y recursos para los esfuerzos de preservación en curso, incluidos estudios científicos, proyectos de restauración y mejoras de infraestructura. La inclusión de Machu Picchu en la lista del Patrimonio Mundial de la UNESCO en 1983 reforzó aún más su importancia global y la necesidad de medidas de conservación rigurosas.

La preservación del medio ambiente ha sido un enfoque clave en la protección de Machu Picchu. El frágil ecosistema que rodeaba el sitio enfrentaba riesgos de deforestación, expansión agrícola y desarrollo de infraestructura. Los esfuerzos para reforestar el área, controlar la erosión y promover prácticas de turismo sostenible han sido esenciales para mantener la belleza natural y la integridad ecológica de la región. Estas iniciativas incluyeron la plantación de especies nativas para restaurar la cubierta forestal, la construcción de terrazas para prevenir la erosión del suelo y la implementación de políticas para limitar el impacto ambiental del turismo.

Los avances tecnológicos han mejorado significativamente los esfuerzos de preservación. Técnicas modernas como el escaneo láser, el modelado 3D y la detección remota han permitido una documentación y un análisis más precisos del sitio. Estas herramientas proporcionan datos detallados para monitorear el estado de las ruinas, identificar áreas en riesgo y planificar intervenciones de conservación. El uso de métodos no invasivos ha minimizado el impacto en el sitio al tiempo que ofrece información completa para investigadores y conservacionistas.

La educación y la sensibilización públicas también han desempeñado un papel fundamental en la preservación. Las iniciativas para informar a los visitantes sobre la importancia histórica y la necesidad de proteger Machu Picchu han ayudado a fomentar un sentido de responsabilidad y respeto entre los turistas. Se han implementado estrategias de gestión de visitantes, como limitar el número de visitantes diarios y crear caminos designados, para reducir el impacto del turismo en el sitio. Estas medidas tienen como objetivo garantizar que la creciente popularidad de Machu Picchu no comprometa su preservación.

La implicación de la comunidad local ha sido otro pilar de la estrategia de preservación. Los residentes locales han participado en diversas actividades de conservación, desde guiar a los turistas y brindar información hasta participar en proyectos de reforestación y mantenimiento. Este enfoque inclusivo no sólo proporciona beneficios económicos a la población local sino que también ayuda a cultivar un sentido de administración y orgullo por el patrimonio cultural de la región.

La preservación de Machu Picchu sigue siendo un desafío constante que requiere esfuerzos continuos y adaptación a nuevas amenazas y circunstancias. El cambio climático, el aumento del turismo y los posibles desastres naturales son algunos de los factores que requieren un seguimiento atento y medidas proactivas. La colaboración entre las partes interesadas locales e internacionales, la integración de la tecnología moderna y el compromiso con las prácticas sostenibles son esenciales para garantizar que Machu Picchu siga siendo un sitio bien conservado y venerado para que las generaciones futuras lo exploren y aprecien.

En conclusión, los hallazgos iniciales en Machu Picchu proporcionaron conocimientos profundos sobre la civilización inca, descubriendo la brillantez arquitectónica, la ingeniería avanzada y la importancia cultural de la ciudad. Los desafíos y controversias enfrentados durante las primeras investigaciones y excavaciones resaltaron las complejidades del trabajo arqueológico y la importancia de las prácticas éticas. Los esfuerzos de preservación, impulsados por una combinación de iniciativas locales e internacionales, han sido cruciales para salvaguardar el legado de Machu Picchu. Mientras Machu Picchu continúa cautivando la imaginación de personas de todo el mundo, las lecciones aprendidas de sus primeros esfuerzos de exploración y conservación sirven como guía para futuros esfuerzos en arqueología y preservación del patrimonio. A través de investigaciones continuas, prácticas éticas y esfuerzos colaborativos de preservación, los misterios de Machu Picchu pueden desentrañarse aún más, asegurando que su legado perdure para las generaciones venideras.

Parte III: Los Misterios de Machu Picchu

Teorías y especulaciones

Las teorías y especulaciones sobre Machu Picchu han intrigado a historiadores, arqueólogos y aventureros desde su redescubrimiento en 1911 por Hiram Bingham. Este antiguo sitio, ubicado en lo alto de la Cordillera de los Andes, es un testimonio del ingenio y la sofisticación de la civilización Inca. A pesar de una extensa investigación, muchos aspectos de Machu Picchu siguen siendo un misterio, lo que ha dado lugar a numerosas teorías sobre su propósito, construcción y significado. Estas teorías proporcionan una comprensión multifacética del sitio, reflejando su complejidad y el rico contexto cultural del Imperio Inca.

Una de las teorías más aceptadas es que Machu Picchu fue una finca real del emperador inca Pachacuti. Esta teoría está respaldada por la grandeza y sofisticación del sitio, que incluye edificios, terrazas y templos finamente construidos. A Pachacútec, que gobernó a mediados del siglo XV, se le atribuye el mérito de haber iniciado la expansión del Imperio Inca. La construcción de Machu Picchu pudo haber sido una demostración de su poder y un retiro para el emperador y su corte. Las características arquitectónicas del sitio, incluida la presencia de residencias de élite, instalaciones de almacenamiento y espacios ceremoniales, apoyan la idea de que estaba destinado al uso de individuos de alto rango.

El diseño de Machu Picchu también sugiere que cumplió múltiples funciones, combinando propósitos residenciales, agrícolas y ceremoniales. Las terrazas agrícolas, que son una característica definitoria del sitio, indican que era autosuficiente y capaz de producir suficientes alimentos para sustentar a una pequeña población. Estas terrazas fueron ingeniosamente diseñadas para prevenir la erosión y gestionar la escorrentía de agua, mostrando las avanzadas técnicas agrícolas de los incas. La integración de tales aspectos funcionales con las áreas residenciales y ceremoniales subraya la complejidad del sitio y la planificación sofisticada involucrada en su construcción.

Otra teoría importante propone que Machu Picchu fue un sitio religioso o centro de peregrinación. Los numerosos templos, santuarios y artefactos rituales encontrados en el sitio señalan su importancia espiritual. El Templo del Sol, con sus piedras cortadas con precisión y su alineación con los solsticios, es un excelente ejemplo del significado religioso del sitio. Este templo probablemente se usó para ceremonias relacionadas con el culto al sol, que era fundamental para la religión inca. Se cree que la piedra Intihuatana, otro elemento importante, se utilizó para observaciones y rituales astronómicos. Su nombre, que significa "enganche del sol", refleja su función en las ceremonias solares.

La ubicación de Machu Picchu, en lo alto de las montañas y lejos de los principales centros de poder inca, apoya aún más la idea de que era un lugar de retiro espiritual. El esfuerzo requerido para llegar al sitio, junto con sus impresionantes vistas y belleza natural, habrían realzado su atmósfera sagrada. Es posible que los peregrinos y líderes religiosos hayan viajado a Machu Picchu para realizar rituales, buscar iluminación espiritual o realizar ceremonias que requerían aislamiento del bullicio de la vida cotidiana.

Las alineaciones astronómicas en Machu Picchu ofrecen otra dimensión intrigante a su propósito y significado. Los incas eran hábiles astrónomos y muchas de sus estructuras estaban alineadas con eventos celestes. En Machu Picchu, varios edificios y características se alinean con importantes fenómenos astronómicos. La piedra del Intihuatana, por ejemplo, se alinea con el sol durante el solsticio de invierno y no proyecta sombra al mediodía. Esta precisión indica que se utilizó como herramienta astronómica para marcar eventos solares importantes, que eran cruciales para las actividades agrícolas y ceremoniales.

El Templo del Sol también exhibe características astronómicas notables. Durante los solsticios, la luz del sol pasa a través de sus ventanas para iluminar nichos específicos, lo que sugiere que el templo se usaba para observar y tal vez predecir los movimientos solares. Estas alineaciones no sólo demuestran la destreza técnica de los incas sino que también resaltan la profunda conexión entre sus prácticas arquitectónicas y sus creencias cosmológicas. La ubicación precisa de los edificios en relación con el sol, las estrellas y otros cuerpos celestes subraya la importancia de la astronomía en la cultura y religión inca.

Las preguntas sin resolver que rodean a Machu Picchu aumentan su atractivo y misterio. Un misterio perdurable es la razón exacta de su abandono. Cuando los españoles llegaron al Perú en el siglo XVI, Machu Picchu ya llevaba varias décadas desierta. Las razones de este abandono no están claras, y varias teorías sugieren como posibles causas enfermedades, guerras o un cambio en el poder político. Comprender por qué se abandonó el sitio podría proporcionar información valiosa sobre la dinámica más amplia del Imperio Inca y su eventual declive.

Otra cuestión pendiente se refiere a las técnicas constructivas utilizadas en Machu Picchu. La precisión con la que se cortaron y ensamblaron los bloques de piedra, sin el uso de mortero, sigue siendo un tema de fascinación y debate. Los incas utilizaban una técnica conocida como sillería, donde se cortaban piedras para que encajaran perfectamente, método que permitía que sus construcciones resistieran los terremotos. Sin embargo, no se comprenden completamente los métodos exactos empleados para lograr tal precisión.

Los investigadores continúan estudiando los procesos de extracción, transporte y construcción para descubrir los secretos detrás de estas maravillas arquitectónicas.

El papel de Machu Picchu dentro del sistema vial inca y sus conexiones con otros sitios también presenta una cuestión sin resolver. El Imperio Inca era conocido por su extensa red de caminos y puentes, que facilitaban la comunicación, el comercio y los movimientos militares a través de grandes distancias. La posición de Machu Picchu a lo largo de estas rutas plantea dudas sobre su importancia estratégica y sus interacciones con otros centros incas. Comprender estas conexiones podría proporcionar una imagen más clara del lugar de Machu Picchu dentro del panorama político y económico del Imperio Inca.

Las teorías sobre el propósito de Machu Picchu reflejan temas más amplios de la sociedad inca, incluida la interacción entre poder, religión y tecnología. La idea de que se trataba de una propiedad real resalta el papel del mecenazgo de la élite y la demostración de poder a través de la arquitectura monumental. La teoría de Machu Picchu como sitio religioso enfatiza las dimensiones espirituales de la vida inca y la importancia de los espacios sagrados para mantener el orden social y cósmico. Las alineaciones astronómicas subrayan el conocimiento avanzado de los incas sobre el mundo natural y su integración de prácticas científicas y religiosas.

La investigación en curso en Machu Picchu continúa arrojando luz sobre estos temas, revelando nuevos aspectos del sitio y desafiando las interpretaciones existentes. Por ejemplo, estudios recientes que utilizan tecnología moderna, como el escaneo láser y el radar de penetración terrestre, han descubierto estructuras y características previamente desconocidas, ofreciendo nuevos conocimientos sobre la construcción y el uso del sitio. Estos descubrimientos subrayan la importancia de Machu Picchu como un sitio arqueológico vivo, donde cada nuevo hallazgo contribuye a una comprensión más profunda de la civilización Inca.

Además de la investigación académica, la preservación y gestión de Machu Picchu son cruciales para mantener su integridad y garantizar que pueda ser estudiado y apreciado por las generaciones futuras. El sitio enfrenta numerosos desafíos, incluida la degradación ambiental, la presión turística y los impactos del cambio climático. Los esfuerzos para proteger y conservar Machu Picchu son esenciales para preservar su patrimonio único y la valiosa información que contiene sobre el pasado.

La participación de las comunidades locales en estos esfuerzos de preservación también es importante, ya que ayuda a fomentar un sentido de propiedad y administración del sitio. Las iniciativas que promueven el turismo sostenible y educan a los visitantes sobre la importancia de Machu Picchu contribuyen a la protección del sitio y al mismo tiempo garantizan que siga siendo accesible para personas de todo el mundo.

Estos esfuerzos resaltan la importancia de equilibrar la conservación con la participación pública, asegurando que Machu Picchu pueda continuar inspirando y educando a las generaciones venideras.

Las teorías y especulaciones que rodean a Machu Picchu ofrecen una comprensión rica y multifacética de este enigmático sitio. Las interpretaciones de Machu Picchu como propiedad real, sitio religioso o observatorio astronómico brindan información única sobre la civilización inca y sus logros. A pesar de una extensa investigación y numerosos descubrimientos, muchas preguntas sobre Machu Picchu siguen sin respuesta, lo que destaca la necesidad continua de investigación y exploración. A medida que los estudiosos continúan estudiando y debatiendo los misterios de Machu Picchu, cada nuevo hallazgo añade otra pieza al rompecabezas, enriqueciendo la comprensión de uno de los logros más notables del mundo antiguo. A través de investigaciones continuas, prácticas éticas y esfuerzos colaborativos de preservación, los secretos de Machu Picchu eventualmente podrán revelarse por completo, ofreciendo una apreciación más profunda del ingenio y la sofisticación de la civilización Inca.

¿Finca real o sitio religioso?

Machu Picchu, ubicado en medio de los escarpados picos de la Cordillera de los Andes, continúa cautivando tanto a estudiosos como a visitantes con su mística y esplendor arquitectónico. Uno de los debates más persistentes en torno a este antiguo sitio inca gira en torno a si sirvió principalmente como propiedad real para la élite inca o como un centro religioso sagrado integral a la cosmología y las prácticas rituales incas.

La teoría que postula a Machu Picchu como propiedad real encuentra apoyo en varios aspectos de su distribución y características arquitectónicas. La meticulosa planificación del sitio, sus sofisticadas construcciones de piedra y su ubicación estratégica sugieren que fue diseñado para la comodidad y seguridad de unos pocos privilegiados. La presencia de barrios residenciales finamente elaborados, como las residencias reales y sus patios asociados, apunta al alojamiento de personas de élite, incluido posiblemente el propio emperador inca. Estas estructuras, a menudo adornadas con mampostería ornamentada y que ofrecen impresionantes vistas del paisaje circundante, evocan una sensación de prestigio y poder propia de un retiro real.

Además, el diseño arquitectónico de Machu Picchu incluye elementos funcionales esenciales para sustentar una casa real. Las instalaciones de almacenamiento, los campos en terrazas para la producción agrícola y los sistemas de gestión del agua cuidadosamente diseñados indican una comunidad autosuficiente capaz de sustentar a sus habitantes. Las terrazas, ingeniosamente construidas para maximizar la producción agrícola y minimizar la erosión del suelo, subrayan la practicidad del sitio para satisfacer las necesidades dietéticas de sus ocupantes. Tales características se alinean con la noción de Machu Picchu como un lugar donde la élite inca podía retirarse de las presiones del gobierno mientras mantenía su estatus a través de la opulencia material y la eficiencia administrativa.

Además de sus funciones residenciales y administrativas, Machu Picchu exhibe una gran cantidad de estructuras ceremoniales y artefactos religiosos que dan crédito a la teoría de su importancia como sitio religioso. La presencia de templos, santuarios y plazas sagradas, como el Templo del Sol y la piedra del Intihuatana, da fe del papel del sitio en las prácticas religiosas y la cosmología incas. Estas estructuras, meticulosamente orientadas para alinearse con eventos celestiales y características geográficas, reflejan la profunda reverencia de los incas por el mundo natural y su creencia en la interconexión de los reinos terrenal y celestial.

El Templo del Sol, notable por su precisión en piedra y alineaciones astronómicas, es un testimonio del conocimiento avanzado de los incas sobre los ciclos solares y su significado espiritual. Durante eventos astronómicos clave, como los solsticios, la luz del sol penetra por aberturas específicas en el templo, iluminando los espacios sagrados del interior. Este fenómeno sugiere que Machu Picchu no era simplemente un lugar de poder político sino también un lugar para ceremonias religiosas, donde sacerdotes y líderes espirituales participaban en rituales para honrar y apaciguar a las deidades celestiales integrales de los sistemas de creencias incas.

Además, la piedra del Intihuatana, a menudo denominada "el poste de enganche del sol", sirve como un vínculo tangible entre Machu Picchu y los cielos. Este pilar de piedra tallada, que se cree que funcionó como observatorio astronómico y lugar ritual, ejemplifica la observación meticulosa de los fenómenos celestes por parte de los incas y sus esfuerzos por aprovechar las energías cósmicas con fines espirituales y prácticos. La alineación precisa de la piedra del Intihuatana con el sol durante épocas específicas del año subraya su papel al marcar los ciclos agrícolas y guiar el calendario religioso de los incas.

La teoría de Machu Picchu como sitio religioso se ve respaldada aún más por su ubicación apartada y su elevación, factores que habrían imbuido al sitio de una sensación de sacralidad y aislamiento. Situado aproximadamente a 2.430 metros (7.970 pies) sobre el nivel del mar, el entorno remoto de Machu Picchu en medio del bosque nuboso andino ofrecía un santuario para la contemplación espiritual y la comunión con lo divino. El terreno desafiante y las rutas de acceso limitadas habrían disuadido a todos menos a los peregrinos más dedicados, reforzando la percepción de santidad del sitio y asegurando la pureza de las prácticas religiosas realizadas dentro de sus límites.

Si bien continúa el debate entre Machu Picchu como propiedad real versus lugar religioso, es importante reconocer la interconexión de estas interpretaciones dentro del contexto más amplio de la sociedad inca. El Imperio Inca, conocido por su autoridad centralizada y su amplio alcance territorial, dependía de una relación simbiótica entre el poder político y la autoridad espiritual para mantener la cohesión social y la legitimidad imperial. Machu Picchu, con su doble identidad como residencia de la élite inca y santuario de devoción religiosa, ejemplifica la naturaleza multifacética de la cultura y el gobierno inca.

La integración de funciones reales y religiosas en Machu Picchu subraya el enfoque holístico de la gobernanza de los incas, en el que la autoridad política estaba entrelazada con la sanción divina. El emperador inca, como gobernante temporal y líder espiritual que se creía que poseía un linaje divino, ejercía una inmensa influencia sobre sus súbditos, quienes lo veían como un conducto entre el reino terrenal y el reino de los dioses. Machu Picchu, con su mezcla de eficiencia administrativa y simbolismo espiritual, sirvió como un microcosmos de los fundamentos ideológicos del Imperio Inca, en el que el poder terrenal y la autoridad celestial convergían para mantener el orden cósmico y la armonía social.

Además, la investigación arqueológica en curso y los esfuerzos de conservación en Machu Picchu continúan arrojando nuevos conocimientos sobre su doble identidad como propiedad real y centro religioso. Las tecnologías modernas, como el escaneo LiDAR (detección y alcance de luz) y el radar de penetración terrestre, han facilitado el descubrimiento de estructuras y características previamente ocultas, ofreciendo nuevas perspectivas sobre el diseño y la función del sitio. Estos descubrimientos no sólo enriquecen nuestra comprensión del significado histórico de Machu Picchu sino que también subrayan la importancia de preservar su patrimonio cultural para las generaciones futuras.

El debate sobre si Machu Picchu sirvió principalmente como propiedad real o como sitio religioso refleja el papel multifacético del sitio dentro del Imperio Inca. La teoría de Machu Picchu como propiedad real enfatiza su función como símbolo de la autoridad política y la destreza administrativa de los incas, mostrando la capacidad del imperio para diseñar grandes proyectos arquitectónicos en entornos desafiantes. Por el contrario, la teoría de Machu Picchu como sitio religioso resalta su significado espiritual y su papel en la cosmología inca, donde las alineaciones celestiales y los artefactos rituales del sitio subrayan su estatus sagrado como conducto entre los reinos terrenal y divino.

En última instancia, el legado de Machu Picchu trasciende estas interpretaciones dicotómicas y encarna la compleja interacción de poder político, devoción espiritual e innovación cultural que definió la civilización inca. Mientras los esfuerzos de investigación y preservación en curso continúan iluminando los misterios de esta antigua maravilla, Machu Picchu sigue siendo un testimonio del ingenio humano y la búsqueda duradera de significado en medio de la majestuosidad del paisaje andino.

Alineaciones astronómicas

Las alineaciones astronómicas encontradas en Machu Picchu son una evidencia convincente del conocimiento astronómico avanzado y el significado espiritual de la civilización Inca. Situada en medio de las escarpadas montañas de los Andes en Perú, la ubicación estratégica de Machu Picchu proporcionó un observatorio natural para estudiar los fenómenos celestes. Los incas, famosos por su sofisticado conocimiento de la astronomía, incorporaron alineaciones astronómicas en el diseño y la orientación de sus estructuras, reflejando sus creencias espirituales profundamente arraigadas y su reverencia por el cosmos.

Uno de los ejemplos más destacados de alineación astronómica en Machu Picchu se encuentra en el Templo del Sol, también conocido como Torreón. Este templo sagrado, construido con bloques de piedra cortados con precisión, presenta un nicho o ventana semicircular que se alinea con el amanecer del solsticio de junio. Durante el solsticio de invierno, el sol sale directamente sobre la cima de la montaña cercana, lanzando sus primeros rayos a través de la ventana del templo e iluminando la piedra ceremonial del interior. Esta alineación permitió a los sacerdotes y astrónomos incas marcar los cambios de estaciones y determinar los momentos óptimos para las actividades agrícolas, cruciales para garantizar la seguridad alimentaria en el desafiante entorno andino.

Además del Templo del Sol, Machu Picchu cuenta con otras estructuras con alineamientos astronómicos que resaltan el dominio de los incas en la observación celeste. La piedra del Intihuatana, un pilar intrincadamente tallado ubicado en la parte superior de la ciudad, sirve como testimonio tangible de la perspicacia astronómica de los Incas. Se cree que la piedra Intihuatana, que se traduce como "poste de enganche del sol", funcionó como un reloj o calendario astronómico. Su diseño único le permite no proyectar sombras durante ciertas épocas del año, particularmente durante los equinoccios, lo que indica su papel a la hora de marcar el cambio de estaciones y facilitar la planificación agrícola.

Además, la intrincada red de terrazas y campos agrícolas de Machu Picchu también demuestra la aplicación práctica del conocimiento astronómico por parte de los incas. La orientación precisa de estas terrazas, alineadas con los puntos cardinales y las características topográficas, permitió una gestión eficiente del agua y maximizó la productividad agrícola. Aprovechando las pendientes naturales y la luz solar, los incas crearon microclimas propicios para el cultivo de una variedad de cultivos, esenciales para el sustento de la población que reside dentro de la ciudadela.

Más allá de sus implicaciones prácticas, las alineaciones astronómicas de Machu Picchu tienen un profundo significado espiritual dentro de la cosmología inca. La civilización inca, profundamente arraigada en creencias animistas y el culto a los elementos naturales, veneraba los cuerpos celestes como entidades divinas que regían los ciclos de la vida y el bienestar del imperio. Alinear sus estructuras arquitectónicas con los movimientos del sol, la luna y las estrellas no era simplemente un esfuerzo técnico sino una práctica sagrada destinada a mantener la armonía cósmica y asegurar la prosperidad de su sociedad.

La alineación de las estructuras de Machu Picchu con los acontecimientos celestiales también subraya la creencia de los incas en la interconexión de todos los seres vivos y el cosmos. La ubicación deliberada de templos y espacios ceremoniales en relación con los fenómenos astronómicos reflejaba su comprensión de los cuerpos celestes como intermediarios entre el reino terrenal y el reino de los dioses. Se creía que los rituales realizados durante eventos astronómicos importantes, como eclipses solares o solsticios, fortalecieron el vínculo entre el gobernante inca, conocido como el "Sapa Inca", y las deidades celestiales, asegurando el favor divino y la protección sobre el imperio.

Además, el estudio de las alineaciones astronómicas en Machu Picchu continúa contribuyendo a nuestra comprensión de la cultura y la gobernanza inca. Arqueoastronomos e historiadores analizan la orientación de las estructuras, la ubicación de los artefactos ceremoniales y los cambios estacionales de la luz solar para descifrar las prácticas rituales y la organización social de la civilización inca. Los avances recientes en tecnología, como el escaneo LiDAR (Light Detección y Rango) y el modelado 3D, han facilitado la identificación de alineaciones y estructuras previamente no reconocidas, ofreciendo nuevos conocimientos sobre la sofisticación del conocimiento astronómico inca.

Sin embargo, a pesar de la gran cantidad de evidencia que respalda las alineaciones astronómicas en Machu Picchu, algunos aspectos permanecen abiertos a la interpretación y el debate entre los estudiosos. Persisten dudas sobre los métodos y herramientas exactos utilizados por los incas para lograr alineamientos tan precisos a través de grandes distancias y terrenos desafiantes. La ausencia de registros escritos y la tradición oral de transmitir conocimientos dentro de la sociedad inca plantea desafíos a la hora de reconstruir el alcance total de sus prácticas y creencias astronómicas.

Además, la preservación y conservación de Machu Picchu presenta desafíos continuos, particularmente frente al aumento del turismo y la degradación ambiental. Los esfuerzos para proteger el sitio del daño físico, la erosión y el cambio climático son esenciales para salvaguardar sus frágiles restos arqueológicos y garantizar que las generaciones futuras puedan continuar estudiando y apreciando su importancia cultural. Las prácticas de turismo sostenible y las iniciativas de participación comunitaria desempeñan un papel vital a la hora de equilibrar los esfuerzos de conservación con el acceso público y la educación sobre la importancia de Machu Picchu como patrimonio mundial.

Las alineaciones astronómicas en Machu Picchu iluminan el ingenio, la profundidad espiritual y el significado cultural de la civilización Inca. A través de la observación meticulosa de los cuerpos celestes y su integración en el diseño arquitectónico, los incas no sólo demostraron su conocimiento científico avanzado sino que también afirmaron su conexión espiritual con el mundo natural. Machu Picchu, con sus templos sagrados, plazas ceremoniales y estructuras diseñadas con precisión, es un testimonio del legado perdurable de la reverencia de los incas por el cosmos y su búsqueda por armonizar la existencia terrenal con el orden divino. A medida que continúan los esfuerzos de investigación y conservación, Machu Picchu sigue siendo un faro de logros humanos y un símbolo de la profunda relación entre las civilizaciones antiguas y los misterios del universo.

Preguntas no resueltas

Machu Picchu, a pesar de haber sido ampliamente estudiado y celebrado como uno de los sitios arqueológicos más notables del mundo, continúa intrigando tanto a investigadores como a visitantes con una miríada de preguntas sin resolver. Estos misterios no sólo resaltan la complejidad de comprender una civilización antigua como la inca, sino que también subrayan los desafíos y limitaciones actuales en la interpretación arqueológica y los esfuerzos de preservación.

Una de las cuestiones aún sin resolver que rodean a Machu Picchu se refiere a su propósito y función. Si bien varias teorías sugieren que sirvió como propiedad real, santuario religioso u observatorio astronómico, la evidencia definitiva que respalde un propósito singular sigue siendo difícil de alcanzar. El intrincado diseño arquitectónico, que incluye barrios residenciales, templos y terrazas agrícolas, sugiere un sitio multifacético capaz de albergar diferentes funciones sociales. Desentrañar la combinación precisa de estos roles y cómo evolucionaron a lo largo del tiempo es crucial para comprender la dinámica sociopolítica más amplia del Imperio Inca y la importancia de Machu Picchu dentro de él.

Además, las circunstancias que rodearon el abandono de Machu Picchu continúan suscitando debate académico. Cuando los conquistadores españoles llegaron a la región en el siglo XVI, Machu Picchu ya había sido abandonado, probablemente abandonado durante varias décadas. Las razones detrás de este éxodo siguen sin estar claras, con teorías que van desde agitación política y luchas internas hasta factores ambientales como la sequía o el declive agrícola. Investigar estas hipótesis requiere una investigación interdisciplinaria que integre los hallazgos arqueológicos con datos ambientales y relatos históricos, ofreciendo una comprensión matizada de la desaparición del sitio y sus implicaciones para la sociedad inca en general.

Otra cuestión pendiente tiene que ver con las técnicas constructivas empleadas en Machu Picchu. La colocación precisa de enormes bloques de piedra sin el uso de mortero, una técnica conocida como sillería, sigue siendo una maravilla de la ingeniería. Sin embargo, los métodos mediante los cuales los incas extrajeron, transportaron y tallaron con precisión estas piedras aún no se conocen del todo. Las recientes excavaciones arqueológicas y los avances tecnológicos, incluido el modelado 3D y el radar de penetración terrestre, han arrojado luz sobre la escala y la sofisticación de las prácticas de construcción incas. Sin embargo, persisten los desafíos para reconstruir el alcance completo de sus técnicas arquitectónicas y los procesos intensivos en mano de obra involucrados en la construcción de estructuras monumentales como las encontradas en Machu Picchu.

Además, el papel de Machu Picchu dentro de la red de comunicaciones y carreteras inca más amplia sigue siendo objeto de investigación. El Imperio Inca fue famoso por su extenso sistema de caminos, que abarcaba miles de kilómetros a través de diversos terrenos y altitudes. La ubicación de Machu Picchu a lo largo de estas rutas sugiere su importancia estratégica como centro de comercio, peregrinación y comunicación administrativa. Desentrañar el alcance y el propósito de estas conexiones, incluidas las rutas específicas que conducen hacia y desde Machu Picchu, ofrece ideas sobre su integración dentro de la infraestructura imperial y su papel para facilitar el intercambio cultural y el control político.

La preservación y conservación de Machu Picchu presenta desafíos continuos para salvaguardar sus frágiles restos arqueológicos y al mismo tiempo equilibrar las demandas del turismo y la sostenibilidad ambiental. La designación del sitio como Patrimonio Mundial de la UNESCO subraya su importancia global, lo que requiere medidas de preservación rigurosas para proteger su integridad para las generaciones futuras. Los esfuerzos para mitigar el impacto del turismo, incluidas cuotas de visitantes, mejoras de infraestructura y programas educativos, son esenciales para gestionar el tráfico peatonal y prevenir daños físicos a las delicadas estructuras y terrazas del sitio.

Además, la preservación de Machu Picchu se extiende más allá de sus restos físicos para incluir el patrimonio cultural intangible de las comunidades circundantes. Los grupos indígenas, como los descendientes de los incas de habla quechua, mantienen vínculos ancestrales con Machu Picchu y desempeñan un papel vital en su preservación e interpretación. Las iniciativas de colaboración que incorporan conocimientos tradicionales y perspectivas comunitarias son fundamentales para promover el desarrollo sostenible y fomentar el orgullo cultural entre las poblaciones locales.

Las cuestiones no resueltas que rodean a Machu Picchu subrayan la complejidad y riqueza de la civilización inca, desafiando a los estudiosos contemporáneos a explorar nuevas vías de investigación y colaboración interdisciplinaria. Al investigar su propósito, técnicas de construcción, abandono y significado cultural, los investigadores contribuyen a una comprensión más profunda del legado histórico de Machu Picchu y su perdurable relevancia en el mundo moderno. A medida que los estudios en curso y los esfuerzos de conservación continúan desentrañando estos misterios, Machu Picchu se erige como un testimonio del ingenio humano, la resiliencia cultural y el encanto perdurable de las civilizaciones antiguas ubicadas en medio del majestuoso paisaje andino.

Artefactos y tesoros

Machu Picchu, enclavado en medio de los picos cubiertos de niebla de las montañas de los Andes, no sólo es famoso por sus impresionantes paisajes y maravillas arquitectónicas, sino también por la riqueza de artefactos y tesoros que ofrecen información sobre la vida cotidiana, los rituales y los logros tecnológicos de la Civilización Inca. Las excavaciones realizadas en Machu Picchu y sus alrededores han desenterrado una diversa gama de artefactos, que van desde objetos ceremoniales y ofrendas religiosas hasta herramientas y elementos cotidianos utilizados por sus habitantes. Estos descubrimientos no sólo enriquecen nuestra comprensión de la cultura inca sino que también iluminan las intrincadas dinámicas socioeconómicas y religiosas que dieron forma a la vida dentro de esta antigua ciudadela.

Una de las categorías más importantes de artefactos encontrados en Machu Picchu son los objetos ceremoniales y religiosos. Estos artefactos incluyen esculturas de piedra intrincadamente talladas, vasijas ceremoniales y ofrendas rituales dedicadas al panteón de deidades de los incas. El Templo del Sol, con su mampostería finamente elaborada y alineaciones astronómicas, sirvió como punto focal para ceremonias religiosas y observaciones astronómicas. Los artefactos descubiertos dentro del complejo del templo, como vasijas de cerámica adornadas con motivos simbólicos y textiles con patrones intrincados, reflejan la reverencia de los incas por el mundo natural y su creencia en la interconexión espiritual de todos los seres vivos.

Además de los artefactos ceremoniales, Machu Picchu ha producido una gran cantidad de artículos cotidianos que brindan información sobre la vida cotidiana y los logros tecnológicos de sus habitantes. Las excavaciones de áreas residenciales e instalaciones de almacenamiento han desenterrado herramientas elaboradas con piedra, bronce y metales preciosos, incluidos implementos agrícolas utilizados para cultivar los campos en terrazas que sustentaban a la población de la ciudadela. Los fragmentos de cerámica, adornados con diseños distintivos y motivos pintados, ofrecen pistas sobre las prácticas culinarias, el almacenamiento de alimentos y las costumbres sociales dentro del Imperio Inca. Estos artefactos no sólo resaltan el ingenio de la artesanía inca sino que también subrayan su dominio de las técnicas agrícolas y la gestión de recursos en un entorno montañoso desafiante.

Además, el descubrimiento de restos humanos en Machu Picchu ha proporcionado información invaluable sobre la salud, la dieta y la estructura social de sus antiguos habitantes. Los estudios bioarqueológicos de restos óseos han revelado patrones de enfermedades relacionadas con la dieta, deficiencias nutricionales y factores estresantes físicos asociados con actividades que requieren mucha mano de obra, como las canteras y el trabajo agrícola. El análisis isotópico de muestras óseas y dentales ha arrojado luz sobre las preferencias dietéticas, los patrones de movilidad y la estratificación social dentro de la sociedad inca, ofreciendo una comprensión matizada de las diversas comunidades que habitaron Machu Picchu y sus regiones circundantes.

Los artefactos encontrados en Machu Picchu también iluminan la sofisticada industria textil de los incas, que jugó un papel central en su economía e identidad cultural. Los textiles recuperados de sitios de enterramiento y complejos ceremoniales exhiben intrincadas técnicas de tejido, paletas de colores vibrantes y motivos simbólicos que transmitían estatus social, afiliaciones religiosas y linaje ancestral. La calidad y la artesanía de estos textiles indican conocimientos y habilidades especializados transmitidos de generación en generación, destacando la importancia de la producción textil como una necesidad práctica y una forma de expresión artística dentro de la sociedad inca.

Además, la excavación de las terrazas agrícolas de Machu Picchu ha proporcionado evidencia de las prácticas agrícolas innovadoras de los incas y su dominio de la gestión sostenible de la tierra. Estas terrazas, construidas meticulosamente en pendientes pronunciadas utilizando piedra y grava locales, no sólo evitaron la erosión del suelo y los deslizamientos de tierra, sino que también crearon microclimas propicios para el cultivo de una variedad de cultivos, incluidos maíz, papa y quinua. Los artefactos agrícolas recuperados de estas terrazas, como herramientas de piedra y canales de riego, subrayan el ingenio de los incas para maximizar la tierra cultivable y garantizar la seguridad alimentaria de su floreciente población.

La preservación e interpretación de los artefactos de Machu Picchu presentan desafíos continuos y consideraciones éticas para arqueólogos y conservacionistas. Equilibrar el imperativo de proteger artefactos frágiles con el deseo de realizar excavaciones e investigaciones exhaustivas requiere una planificación meticulosa y el cumplimiento de las directrices internacionales para la conservación del patrimonio cultural. Las iniciativas destinadas al turismo sostenible y la participación comunitaria desempeñan un papel crucial a la hora de crear conciencia sobre la importancia de los artefactos y tesoros de Machu Picchu, fomentar el respeto por el conocimiento indígena y promover la administración responsable de los sitios arqueológicos.

Los artefactos y tesoros desenterrados en Machu Picchu brindan una ventana a las complejidades de la civilización inca y su legado perdurable en la región andina. Desde objetos ceremoniales y herramientas cotidianas hasta textiles e innovaciones agrícolas, estos artefactos ofrecen evidencia tangible de los logros tecnológicos, prácticas culturales y creencias espirituales de los incas. A medida que los esfuerzos de investigación y conservación en curso continúan desentrañando los misterios de Machu Picchu, estos artefactos sirven como bienes de patrimonio cultural invaluables, inspirando asombro y curiosidad entre visitantes y académicos por igual, al tiempo que preservan el rico tapiz de la historia inca para las generaciones futuras.

Descubrimientos importantes

Machu Picchu, la enigmática "Ciudad Perdida de los Incas", ha producido una serie de descubrimientos importantes que continúan iluminando la riqueza y complejidad de la civilización inca. Ubicado en medio de los picos cubiertos de niebla de la Cordillera de los Andes en Perú, Machu Picchu fue redescubierto por el explorador estadounidense Hiram Bingham en 1911, lo que despertó la fascinación mundial y las investigaciones arqueológicas posteriores. Estos descubrimientos han revelado una gran cantidad de tesoros culturales, arquitectónicos e históricos, arrojando luz sobre la vida cotidiana, las prácticas religiosas y los logros tecnológicos del pueblo inca.

Uno de los descubrimientos más importantes de Machu Picchu son sus maravillas arquitectónicas, caracterizadas por bloques de piedra tallados con precisión y sofisticadas técnicas de ingeniería. El diseño de la ciudadela incluye áreas residenciales, templos, plazas ceremoniales y terrazas agrícolas meticulosamente construidas utilizando técnicas de muros de piedra seca, sin el uso de mortero. El ajuste preciso de estas piedras, algunas de las cuales pesan varias toneladas, y su perfecta integración en el paisaje natural resaltan la maestría de los incas en el diseño y la construcción arquitectónicos. La piedra del Intihuatana, un pilar intrincadamente tallado que se cree que sirvió como observatorio astronómico y centro ritual, ejemplifica el conocimiento avanzado de los incas sobre los movimientos celestes y su conexión espiritual con el cosmos.

Las excavaciones arqueológicas en Machu Picchu han desenterrado un tesoro de artefactos que brindan información sobre la vida diaria y las prácticas culturales de sus habitantes. Estos artefactos incluyen cerámicas adornadas con diseños intrincados, herramientas y adornos de metal, textiles con colores vibrantes y motivos simbólicos, e implementos agrícolas utilizados para cultivar los campos en terrazas que sustentaban a la población de la ciudadela. Estos descubrimientos no sólo resaltan el ingenio de la artesanía inca sino que también subrayan su comprensión sofisticada de la agricultura, la gestión de recursos y la organización social en un entorno montañoso desafiante.

El descubrimiento de restos humanos en Machu Picchu también ha contribuido a nuestra comprensión de la salud, la dieta y la estructura social de los incas. Los estudios bioarqueológicos de restos óseos han revelado patrones de enfermedades relacionadas con la dieta, factores estresantes físicos asociados con actividades que requieren mucha mano de obra e indicadores de estatus social y movilidad dentro de la sociedad inca. El análisis isotópico de muestras óseas y dentales ha proporcionado información sobre las preferencias dietéticas, los patrones de migración y las interacciones culturales entre diversas comunidades que habitaron Machu Picchu y sus regiones circundantes.

Otro descubrimiento importante en Machu Picchu es la existencia de extensos sistemas de gestión del agua diseñados para aprovechar las fuentes naturales de agua y distribuirla por toda la ciudadela. Estos sistemas, que consistían en acueductos, fuentes y canales de drenaje tallados en piedra, facilitaron el riego agrícola, el suministro de agua doméstica y los rituales ceremoniales dentro del sitio. La ubicación estratégica de estas fuentes de agua refleja el ingenio de ingeniería de los incas y su capacidad para adaptarse a los desafíos ambientales planteados por el terreno andino.

Además, la alineación arquitectónica de Machu Picchu con los fenómenos celestes, como los solsticios y equinoccios solares, subraya su papel como centro ceremonial sagrado y observatorio astronómico. El Templo del Sol, con sus ventanas orientadas con precisión y nichos que capturan los primeros rayos del sol naciente durante eventos astronómicos importantes, ejemplifica la reverencia de los incas por los cuerpos celestes y su creencia en la naturaleza cíclica del tiempo y el cosmos. Estos alineamientos no sólo facilitaron la planificación agrícola y los rituales religiosos, sino que también reforzaron la conexión espiritual de los incas con el mundo natural y su cosmovisión cósmica.

Además de su importancia arquitectónica y arqueológica, Machu Picchu ha desempeñado un papel fundamental en la configuración de nuestra comprensión de la historia y la cultura incas. La ubicación remota del sitio y las ruinas bien conservadas han permitido a los investigadores reconstruir aspectos de la gobernanza, las redes comerciales, las prácticas religiosas y las jerarquías sociales de los incas. El estudio de las comunidades de habla quechua, descendientes de los incas, ha proporcionado información valiosa sobre sus tradiciones culturales, herencia lingüística y esfuerzos continuos para preservar sus conocimientos ancestrales y creencias espirituales.

El redescubrimiento y las posteriores investigaciones arqueológicas en Machu Picchu también han desatado debates y controversias dentro de la comunidad académica. Los académicos continúan lidiando con preguntas sobre el propósito del sitio, las circunstancias que rodearon su abandono y las implicaciones de su descubrimiento para comprender patrones más amplios del urbanismo y la expansión territorial inca. Las teorías que proponen a Machu Picchu como propiedad real, santuario religioso, observatorio astronómico o centro administrativo resaltan la naturaleza multifacética de su significado histórico y los desafíos inherentes a la interpretación de civilizaciones antiguas basadas en evidencia fragmentaria y diversas perspectivas académicas.

Además, la preservación y conservación de Machu Picchu siguen siendo prioridades constantes para salvaguardar sus frágiles restos arqueológicos y su patrimonio cultural. Las prácticas de turismo sostenible, las estrategias de gestión de visitantes y las iniciativas de participación comunitaria son esenciales para equilibrar el acceso público con la protección de la integridad del sitio y la sostenibilidad ambiental. Los esfuerzos de colaboración entre arqueólogos, conservacionistas, comunidades locales y autoridades gubernamentales son cruciales para garantizar la preservación a largo plazo y la administración responsable de Machu Picchu como sitio del Patrimonio Mundial de la UNESCO y tesoro cultural global.

En conclusión, los importantes descubrimientos de Machu Picchu continúan cautivando la imaginación e inspirando investigaciones académicas sobre las complejidades de la civilización inca. Desde sus maravillas arquitectónicas y artefactos culturales hasta sus sistemas de gestión del agua y alineaciones celestiales, Machu Picchu encarna el ingenio, la profundidad espiritual y la resiliencia cultural del pueblo inca. A medida que avanza la investigación y evolucionan los esfuerzos de conservación, Machu Picchu se erige como un testimonio de la creatividad humana, la perseverancia y la búsqueda duradera para desentrañar los misterios de las civilizaciones antiguas ubicadas en medio del majestuoso paisaje andino.

Artículos culturales y religiosos

Los elementos culturales y religiosos descubiertos en Machu Picchu brindan información profunda sobre las creencias espirituales, las prácticas diarias y la identidad cultural de la civilización Inca. Ubicado en medio de los escarpados picos de la Cordillera de los Andes en Perú, las excavaciones arqueológicas de Machu Picchu han desenterrado una diversa gama de artefactos que iluminan la riqueza y complejidad de la cultura inca. Estos artefactos, que van desde objetos ceremoniales y ofrendas religiosas hasta textiles y cerámica, subrayan la reverencia de los incas por el mundo natural y su profunda conexión espiritual con el cosmos.

Una de las categorías más llamativas de elementos culturales y religiosos encontrados en Machu Picchu es la cerámica ceremonial. Estos artefactos, intrincadamente decorados con patrones geométricos, motivos animales y representaciones simbólicas, sirvieron para propósitos tanto prácticos como rituales dentro de la sociedad inca. Los vasos ceremoniales, a menudo elaborados con arcilla y adornados con pigmentos vibrantes, se utilizaban durante ceremonias y fiestas religiosas para honrar a los espíritus ancestrales y apaciguar a las deidades asociadas con elementos naturales como el agua, la tierra y el sol. La artesanía y el simbolismo de estas piezas de cerámica reflejan la creencia de los incas en la interconexión de todos los seres vivos y su reverencia por las fuerzas divinas que gobernaban los ciclos de la vida y la productividad agrícola.

Además de la cerámica, Machu Picchu ha producido una gran cantidad de ofrendas religiosas y objetos rituales que resaltan las elaboradas prácticas ceremoniales de los incas. Las excavaciones de complejos de templos y plazas ceremoniales han descubierto esculturas de piedra, adornos de metal y textiles imbuidos de significado espiritual. Estas ofrendas se colocaban en espacios sagrados dedicados a deidades como Inti, el dios del sol, y Pachamama, la diosa de la tierra, para buscar bendiciones para cosechas abundantes, protección contra desastres naturales y guía espiritual para los gobernantes incas, conocidos como Sapa Incas. La ubicación estratégica de estas ofrendas dentro de alineamientos arquitectónicos diseñados para capturar los rayos del sol durante los solsticios y equinoccios subraya el sofisticado conocimiento astronómico de los incas y su reverencia ritual por los movimientos celestes.

Los textiles encontrados en Machu Picchu representan otro aspecto vital de la identidad cultural y la expresión artística inca. Tejidos con fibras de origen local, como lana de alpaca y llama, estos textiles eran apreciados por sus patrones intrincados, colores vibrantes y motivos simbólicos que transmitían estatus social, afiliación a clanes y roles ceremoniales dentro de la sociedad inca. Los fragmentos de textiles recuperados de sitios de entierro, complejos ceremoniales y residencias de élite ofrecen vislumbres de la artesanía especializada y el significado cultural de las tradiciones de tejido transmitidas de generación en generación. La preservación de estos textiles, que a menudo se encuentran en condiciones notablemente intactas debido al clima árido de las tierras altas andinas, ha permitido a los investigadores reconstruir técnicas de tejido antiguas y rastrear la evolución de la producción textil desde tejidos utilitarios hasta elaboradas prendas ceremoniales usadas por la nobleza inca.

Además, el descubrimiento de artefactos metálicos en Machu Picchu proporciona evidencia de la experiencia metalúrgica de los incas y su dominio de metales preciosos como el oro, la plata y el cobre. Los individuos de élite usaban adornos de metal, incluidos aretes, narigueras y colgantes adornados con diseños intrincados y piedras semipreciosas, como símbolos de riqueza, estatus social y poder espiritual. La artesanía de estos artefactos, caracterizada por finos trabajos de filigrana y técnicas de metal martillado, ejemplifica la habilidad artística de los incas y su capacidad para transformar materias primas en objetos de belleza estética y significado simbólico.

La iconografía religiosa encontrada en Machu Picchu ilustra aún más la compleja cosmología y cosmovisión espiritual de los incas. Tallas de piedra que representaban deidades zoomorfas, símbolos celestiales y criaturas míticas adornaban las paredes de los templos y las plataformas ceremoniales, sirviendo como representaciones visuales de las creencias animistas de los incas y su reverencia por las fuerzas naturales. La piedra del Intihuatana, un pilar sagrado que se cree sirvió como calendario astronómico y punto focal ritual, ejemplifica la integración de la iconografía religiosa con la observación astronómica dentro de la arquitectura inca. Su alineación precisa con los movimientos del sol durante los solsticios y equinoccios facilitó los rituales religiosos y las ceremonias agrícolas destinadas a asegurar la armonía cósmica y el favor divino para los gobernantes incas y sus súbditos.

Además, el estudio de las prácticas funerarias y las costumbres funerarias en Machu Picchu ofrece información sobre las creencias de los incas sobre la vida futura y la veneración ancestral. Los sitios de entierro descubiertos dentro de la ciudadela contienen ofrendas de comida, textiles y cerámica colocadas junto a restos humanos, lo que indica una creencia en la continuidad de la vida más allá de la muerte y la importancia de mantener conexiones espirituales con los ancestros fallecidos. La meticulosa colocación de estas ofrendas dentro de tumbas y mausoleos refleja la reverencia de los incas por el linaje ancestral y su creencia en la reciprocidad entre el mundo vivo y el espiritual.

La preservación e interpretación de elementos culturales y religiosos en Machu Picchu presentan desafíos continuos y consideraciones éticas para arqueólogos y conservacionistas. Equilibrar el imperativo de proteger artefactos frágiles con el deseo de realizar excavaciones e investigaciones exhaustivas requiere una planificación meticulosa y el cumplimiento de las directrices internacionales para la conservación del patrimonio cultural. Las iniciativas dirigidas a prácticas de turismo sostenible, educación de visitantes y participación comunitaria son esenciales para promover la administración responsable de los tesoros culturales de Machu Picchu y fomentar el aprecio por el legado perdurable de la civilización Inca.

Los elementos culturales y religiosos descubiertos en Machu Picchu ofrecen una visión de los logros artísticos, las creencias espirituales y las estructuras sociales de una de las civilizaciones más enigmáticas de la historia. Desde cerámica ceremonial y ofrendas religiosas hasta textiles y artefactos metálicos, estos descubrimientos subrayan la profunda conexión de los incas con el mundo natural y su búsqueda de la armonía espiritual dentro del paisaje andino. A medida que los esfuerzos de investigación y conservación en curso continúan desentrañando los misterios de Machu Picchu, estos elementos culturales y religiosos sirven como recordatorios conmovedores del perdurable legado cultural de los Incas y su eterna búsqueda de comprender los misterios de la existencia.

Impacto en la comprensión de la vida inca

Machu Picchu, a menudo descrita como la "Ciudad Perdida de los Incas", ha tenido un profundo impacto en nuestra comprensión de la vida, la sociedad y la cultura incas. Situada en las escarpadas montañas de los Andes del Perú, esta antigua ciudadela ha servido como un sitio arqueológico fundamental desde su redescubrimiento por Hiram Bingham en 1911. Las excavaciones e investigaciones realizadas en Machu Picchu han desenterrado una gran cantidad de artefactos, maravillas arquitectónicas y restos culturales que en conjunto brindan información sobre diversos aspectos de la vida inca, incluida la gobernanza, las rutinas diarias, las prácticas religiosas y los logros tecnológicos.

Uno de los principales impactos de Machu Picchu en la comprensión de la vida inca radica en su planificación arquitectónica y urbana. El diseño de la ciudadela, caracterizado por sus laderas en terrazas, plazas ceremoniales y barrios residenciales, refleja el dominio de la arquitectura paisajística de los incas y su capacidad para armonizar las estructuras construidas con el entorno natural. La ubicación estratégica de templos, observatorios y terrazas agrícolas dentro de la intrincada red de senderos y escaleras de Machu Picchu subraya la sofisticada comprensión de los incas sobre la planificación urbana y su reverencia por los paisajes sagrados. Estas características arquitectónicas no sólo facilitaron funciones prácticas como la agricultura y la gestión del agua, sino que también sirvieron como puntos focales para ceremonias religiosas, actividades administrativas y reuniones comunitarias dentro de la ciudadela.

Además, el descubrimiento de terrazas agrícolas en Machu Picchu ha revolucionado nuestra comprensión de las prácticas agrícolas de los incas y su capacidad para sustentar grandes poblaciones en entornos montañosos desafiantes. Las terrazas, construidas utilizando técnicas de muros de piedra seca y diseñadas para maximizar la exposición a la luz solar y la retención de agua, ejemplifican el ingenio de los incas para adaptarse a diversas condiciones ecológicas y optimizar la productividad agrícola. Los estudios de la composición del suelo, los sistemas de riego y la diversidad de cultivos dentro de estas terrazas han proporcionado información sobre el calendario agrícola de los incas, las estrategias de rotación de cultivos y el papel de los excedentes agrícolas en el sustento de centros urbanos como Machu Picchu.

Además de su importancia arquitectónica y agrícola, Machu Picchu ha contribuido a nuestra comprensión de la organización social y la estructura jerárquica de los incas. El descubrimiento de complejos residenciales, residencias de élite y edificios comunales dentro de la ciudadela ha permitido a los investigadores reconstruir patrones de asentamiento urbano, estratificación social y especialización laboral entre los habitantes de Machu Picchu. Los artefactos encontrados en áreas residenciales, como cerámica, herramientas y adornos personales, ofrecen pistas sobre las rutinas diarias, las economías domésticas y la vida doméstica dentro de la sociedad inca. La disposición espacial de estas viviendas, organizadas en distintos barrios y sectores administrativos, refleja el gobierno centralizado de los incas y su sistema de recaudación de tributos, movilización de mano de obra y distribución de recursos en todo su vasto imperio.

Además, el significado religioso de Machu Picchu ha profundizado nuestra comprensión de las creencias espirituales, la cosmovisión cosmológica y las prácticas rituales de los incas. Los templos dedicados a deidades como Inti, el dios del sol, y Pachamama, la diosa de la tierra, sirvieron como espacios sagrados para ceremonias de ofrendas, fiestas rituales y observaciones astronómicas vinculadas a los ciclos agrícolas y las transiciones estacionales. La alineación de los elementos arquitectónicos con los fenómenos celestes, como los solsticios y equinoccios solares, subraya la reverencia de los incas por los cuerpos celestes y su creencia en la naturaleza cíclica del tiempo y el cosmos. Los artefactos encontrados dentro de estos complejos religiosos, incluida la cerámica ceremonial, adornos de metal y esculturas de piedra, proporcionan evidencia tangible de la devoción espiritual de los incas y su complejo sistema de creencias animistas que gobernaban sus interacciones con el mundo natural.

Además, el estudio de los restos humanos en Machu Picchu ha contribuido a nuestra comprensión de la salud, la dieta y el bienestar físico de los incas. Los análisis bioarqueológicos de restos esqueléticos han revelado patrones de desgaste dental, deficiencias nutricionales y patologías esqueléticas asociadas con actividades que requieren mucha mano de obra como la agricultura, las canteras y la construcción. Los estudios isotópicos de muestras óseas y dentales han proporcionado información sobre las preferencias dietéticas, los patrones de movilidad y las interacciones regionales entre diversas comunidades que habitaron Machu Picchu y sus regiones circundantes. Estos hallazgos resaltan la diversidad de experiencias humanas dentro de la sociedad inca y los costos físicos asociados con el mantenimiento de centros urbanos como Machu Picchu en un entorno montañoso desafiante.

El redescubrimiento y la investigación posterior en Machu Picchu también han contribuido a nuestra comprensión de las redes comerciales, las interacciones culturales y las expresiones artísticas de los incas. Artefactos como textiles, cerámicas y trabajos en metal recuperados de los sitios arqueológicos de Machu Picchu ejemplifican la hábil artesanía, la creatividad artística y las variaciones artísticas regionales de los incas. El estudio de los estilos cerámicos, los patrones textiles y las técnicas de trabajo del metal ha proporcionado evidencia de rutas comerciales de larga distancia, intercambios culturales e influencias artísticas que dieron forma a la cultura material y las preferencias estéticas de los incas a lo largo de su extenso imperio.

Además, la designación de Machu Picchu como sitio del Patrimonio Mundial de la UNESCO subraya su importancia global y los desafíos actuales de preservar sus frágiles restos arqueológicos y su patrimonio cultural. Los esfuerzos de conservación, incluida la estabilización del sitio, el manejo de la vegetación y las estrategias de manejo de visitantes, son esenciales para salvaguardar la integridad de Machu Picchu y garantizar su preservación sostenible para las generaciones futuras. Las iniciativas de colaboración entre arqueólogos, conservacionistas, comunidades locales y autoridades gubernamentales son cruciales para promover prácticas turísticas responsables, proteger paisajes sagrados y fomentar la conciencia pública sobre la importancia de la preservación del patrimonio cultural.

Machu Picchu ha tenido un impacto transformador en nuestra comprensión de la vida, la sociedad y la cultura incas. Desde sus maravillas arquitectónicas e innovaciones agrícolas hasta sus prácticas religiosas y logros artísticos, Machu Picchu encarna el ingenio, la resistencia y la profundidad espiritual de la civilización Inca. Mientras los esfuerzos de investigación y conservación en curso continúan desentrañando los misterios de esta antigua ciudadela, Machu Picchu se erige como un testimonio de la creatividad humana, la diversidad cultural y la búsqueda duradera de conocimiento en medio del majestuoso paisaje andino.

Parte IV: Perspectivas modernas

Machu Picchu hoy

Machu Picchu, uno de los sitios arqueológicos más emblemáticos del mundo, continúa capturando la imaginación de millones de visitantes cada año. Situado en medio del impresionante paisaje de la Cordillera de los Andes en Perú, Machu Picchu es un testimonio del ingenio, la resiliencia y el legado cultural de la antigua civilización Inca. Hoy en día, Machu Picchu es un sitio declarado Patrimonio de la Humanidad por la UNESCO y un símbolo del rico patrimonio cultural del Perú, que atrae a turistas, eruditos y buscadores espirituales de todo el mundo.

Una de las características que definen a Machu Picchu hoy en día es su estatus como Patrimonio de la Humanidad por la UNESCO, reconocido por su excepcional valor universal y significado cultural. Designado como tal en 1983, Machu Picchu está sujeto a estrictas medidas de preservación destinadas a salvaguardar sus restos arqueológicos, su patrimonio cultural y su entorno natural. Estas medidas incluyen la conservación del sitio, la gestión de visitantes y prácticas de turismo sostenible diseñadas para minimizar el impacto ambiental y proteger la integridad de los frágiles ecosistemas de Machu Picchu. Como resultado, Machu Picchu sigue siendo un faro de preservación cultural y administración responsable en una era de creciente globalización y degradación ambiental.

Además, la accesibilidad y popularidad de Machu Picchu como destino turístico lo han transformado en un ícono global y motor económico para la industria turística del Perú. La proximidad del sitio a la ciudad de Cusco, un importante centro de transporte y centro cultural, lo hace fácilmente accesible para visitantes de todo el mundo. En pueblos cercanos como Aguas Calientes han surgido servicios turísticos como hoteles, restaurantes y tiendas de souvenirs, que satisfacen las necesidades y preferencias de los viajeros que buscan experimentar la maravilla de Machu Picchu de primera mano. Además, el icónico Camino Inca, una ruta de trekking de varios días que conduce a Machu Picchu, atrae a entusiastas de la aventura y de las actividades al aire libre que buscan una experiencia de inmersión en la naturaleza andina.

Además, Machu Picchu sirve como punto focal para las peregrinaciones espirituales y los esfuerzos de preservación del patrimonio cultural de las comunidades indígenas en Perú y más allá. El significado sagrado del sitio para los pueblos andinos, que lo consideran un símbolo vivo de sabiduría ancestral y poder espiritual, ha llevado al resurgimiento de prácticas y rituales culturales indígenas destinados a honrar a los espíritus de las montañas y a los guardianes ancestrales de la tierra. Iniciativas como el Qhapaq Ñan, una red de antiguos caminos incas que conectan Machu Picchu con otros sitios sagrados en toda la región andina, subrayan la continuidad cultural y la resiliencia espiritual de las comunidades indígenas en la preservación de su patrimonio cultural para las generaciones futuras.

Además, Machu Picchu sirve como un laboratorio viviente para la investigación arqueológica y científica sobre los misterios de la civilización Inca. Las excavaciones en curso, los proyectos de conservación y los estudios interdisciplinarios realizados por equipos internacionales de investigadores continúan desentrañando los secretos del pasado de Machu Picchu y arrojando luz sobre su importancia como encrucijada cultural y centro del poder inca. Tecnologías avanzadas como el escaneo LiDAR, el radar de penetración terrestre y las imágenes de drones han revolucionado nuestra capacidad para mapear, analizar e interpretar el diseño arquitectónico y el paisaje cultural de Machu Picchu con una precisión y detalle sin precedentes.

Además, el papel de Machu Picchu como embajador cultural del Perú ha dado lugar a colaboraciones con organizaciones internacionales, instituciones académicas y agencias gubernamentales destinadas a promover el intercambio intercultural, la educación y el desarrollo sostenible. Asociaciones como el Instituto Machu Picchu para el Estudio de la Cultura Andina y el Museo Santuario de Machu Picchu facilitan iniciativas de investigación, conservación y extensión educativa que fomentan el aprecio por el rico patrimonio cultural del Perú y promueven la conciencia global sobre la importancia de preservar los sitios arqueológicos para las generaciones futuras..

Sin embargo, la popularidad y accesibilidad de Machu Picchu también han generado preocupaciones sobre el exceso de turismo, la degradación ambiental y la preservación de sus frágiles restos arqueológicos. La afluencia de visitantes, junto con una infraestructura inadecuada y recursos limitados para la gestión del sitio, ha generado desafíos como la erosión del suelo, la degradación de los senderos y el daño a los artefactos culturales causado por el hacinamiento y el comportamiento inadecuado. Los esfuerzos para mitigar estos impactos incluyen cuotas de visitantes, boletos de entrada programados y programas educativos destinados a promover prácticas de turismo responsable y crear conciencia sobre la importancia de respetar el patrimonio cultural y natural de Machu Picchu.

Además, el futuro de Machu Picchu como tesoro cultural y arqueológico enfrenta amenazas constantes por el cambio climático, los desastres naturales y el desarrollo insostenible en la región circundante. El aumento de las temperaturas, el aumento de las precipitaciones y los fenómenos meteorológicos extremos plantean riesgos para la estabilidad estructural, los sistemas de gestión del agua y el equilibrio ecológico de Machu Picchu, exacerbando los desafíos existentes relacionados con la preservación del sitio y la sostenibilidad ambiental. Los esfuerzos de colaboración entre agencias gubernamentales, organizaciones conservacionistas y comunidades locales son esenciales para implementar estrategias de gestión adaptativa, medidas de preparación para desastres e iniciativas de resiliencia climática que garanticen la viabilidad a largo plazo de Machu Picchu como sitio del Patrimonio Mundial de la UNESCO y tesoro cultural global.

Machu Picchu hoy sigue siendo un símbolo del rico patrimonio cultural, la belleza natural y el significado espiritual del Perú tanto para los pueblos indígenas como para los visitantes. Como sitio del Patrimonio Mundial de la UNESCO e ícono global, Machu Picchu sirve como un faro de preservación cultural, investigación científica y turismo responsable en un mundo cada vez más interconectado. Al equilibrar los imperativos de conservación, educación y desarrollo sostenible, Machu Picchu continúa inspirando asombro, curiosidad y aprecio por el legado perdurable de la antigua civilización inca y la belleza eterna del paisaje andino.

Turismo y Accesibilidad

El turismo y la accesibilidad son aspectos integrales de la importancia contemporánea de Machu Picchu, facilitando la apreciación global de su importancia cultural e histórica al tiempo que presentan desafíos relacionados con la sostenibilidad, la conservación y la preservación cultural. Situado en medio de la Cordillera de los Andes en Perú, Machu Picchu atrae a millones de visitantes anualmente, lo que lo convierte en uno de los destinos turísticos más emblemáticos del mundo. Su accesibilidad, principalmente a través de la ciudad de Cusco, sirve como puerta de entrada para explorar no sólo las ruinas antiguas sino también los paisajes culturales y naturales del Valle Sagrado.

La accesibilidad de Machu Picchu ha evolucionado significativamente a lo largo de las décadas, reflejando avances en la infraestructura de transporte y la gestión del turismo. Los visitantes suelen llegar a Cuzco, una ciudad histórica conocida por su combinación de arquitectura colonial inca y española, antes de embarcarse en un viaje a Machu Picchu. Desde Cusco, los viajeros tienen varias opciones para llegar al sitio arqueológico, incluidos los servicios de tren operados por PeruRail e Inca Rail que recorren el impresionante paisaje del Valle Sagrado. Alternativamente, los viajeros aventureros pueden optar por el icónico Camino Inca, una ruta de senderismo de varios días que culmina con una impresionante vista del amanecer en Machu Picchu desde la Puerta del Sol.

Sin embargo, la accesibilidad de Machu Picchu también plantea desafíos relacionados con el impacto ambiental, la gestión de visitantes y la preservación de sus frágiles restos arqueológicos. El gran volumen de turistas, particularmente durante las temporadas altas, ha generado preocupaciones sobre el exceso de turismo y sus efectos adversos en el ecosistema, la infraestructura y la integridad cultural de Machu Picchu. Los esfuerzos para abordar estos desafíos incluyen cuotas de visitantes, boletos de entrada programados y regulaciones destinadas a minimizar la huella ambiental y garantizar prácticas turísticas sostenibles. Estas medidas son esenciales para preservar la belleza natural y la importancia cultural de Machu Picchu y al mismo tiempo mantener una experiencia positiva para los visitantes.

Además, la accesibilidad a Machu Picchu tiene profundas implicaciones para las comunidades locales y su desarrollo socioeconómico. La industria del turismo, centrada en Cusco y Aguas Calientes (Machu Picchu Pueblo), proporciona medios de vida a miles de residentes a través del empleo en hotelería, servicios turísticos y artesanías. La afluencia de turistas respalda las empresas locales, los intercambios culturales y las iniciativas de desarrollo comunitario destinadas a mejorar la infraestructura, la educación y los servicios de salud en la región. Iniciativas como el turismo comunitario y los programas de viajes responsables empoderan a las comunidades locales para participar activamente en actividades turísticas preservando al mismo tiempo su patrimonio cultural y sus recursos naturales.

Además, la accesibilidad de Machu Picchu ha catalizado oportunidades educativas y de investigación para académicos, arqueólogos y estudiantes que buscan estudiar la importancia histórica y la evolución cultural del sitio. Instituciones académicas y organizaciones de investigación colaboran con expertos locales y comunidades indígenas para realizar estudios interdisciplinarios, proyectos de conservación y excavaciones arqueológicas destinadas a descubrir los misterios de Machu Picchu y preservar su legado cultural. Tecnologías avanzadas como el escaneo LiDAR, las imágenes de drones y el radar de penetración terrestre permiten a los investigadores mapear, analizar e interpretar el diseño arquitectónico y el paisaje cultural de Machu Picchu con una precisión y un detalle sin precedentes.

Además de su importancia cultural y arqueológica, la accesibilidad de Machu Picchu subraya su papel como Patrimonio de la Humanidad por la UNESCO e icono mundial de la preservación del patrimonio cultural. Designado en 1983, Machu Picchu está sujeto a lineamientos internacionales de conservación y desarrollo sustentable destinados a salvaguardar sus restos arqueológicos, ecosistemas naturales y patrimonio cultural para las generaciones futuras. Los esfuerzos de conservación se centran en la estabilización del sitio, el manejo de la vegetación y la educación de los visitantes para mitigar los impactos ambientales y garantizar la sostenibilidad a largo plazo de Machu Picchu como testimonio vivo de los logros y el legado cultural de la antigua civilización Inca.

Además, la accesibilidad de Machu Picchu sirve como catalizador para promover la conciencia cultural, el diálogo intercultural y la ciudadanía global entre visitantes de diversos orígenes. Los programas educativos, las visitas guiadas y las exhibiciones interpretativas ofrecen información sobre la historia, la cosmología y los logros artísticos de los incas, fomentando el aprecio por la rica diversidad cultural del Perú y promoviendo el entendimiento intercultural. Los intercambios culturales entre visitantes, comunidades locales y pueblos indígenas contribuyen a la preservación de los conocimientos tradicionales, la sabiduría ancestral y las lenguas indígenas que enriquecen el tapiz del patrimonio cultural mundial.

Sin embargo, los desafíos asociados con el turismo y la accesibilidad en Machu Picchu requieren un diálogo continuo, colaboración y estrategias de gestión adaptativa para abordar las preocupaciones ambientales, socioeconómicas y culturales. Las prácticas de turismo sostenible, las iniciativas comunitarias y la participación de las partes interesadas son esenciales para equilibrar la experiencia de los visitantes con las prioridades de conservación y garantizar beneficios equitativos para las comunidades locales. Al adoptar los principios de turismo responsable, gestión ambiental y preservación cultural, Machu Picchu puede continuar inspirando asombro, curiosidad y aprecio por su legado perdurable como símbolo del ingenio humano y la resiliencia cultural en medio del majestuoso paisaje andino.

El turismo y la accesibilidad son fundamentales para la importancia contemporánea de Machu Picchu como ícono cultural global y sitio del Patrimonio Mundial de la UNESCO. Como modelo de preservación del patrimonio cultural y turismo sostenible, Machu Picchu encarna la interconexión de la diversidad cultural, la conservación ambiental y el desarrollo socioeconómico en la promoción de la conciencia y el aprecio global por el legado perdurable de la antigua civilización Inca. A través de esfuerzos colaborativos y una administración responsable, Machu Picchu continúa inspirando reverencia, admiración y una sensación de asombro entre los visitantes, al tiempo que salvaguarda su belleza natural y su patrimonio cultural para las generaciones venideras.

Preservación y Conservación

Los esfuerzos de preservación y conservación en Machu Picchu representan un esfuerzo crítico para salvaguardar sus restos arqueológicos, su patrimonio cultural y su entorno natural para las generaciones futuras. Situada en medio de las escarpadas montañas de los Andes en Perú, Machu Picchu es famosa por sus estructuras de piedra bien conservadas, laderas en terrazas y plazas ceremoniales que ofrecen una visión de la destreza arquitectónica y la sofisticación cultural de la antigua civilización inca. Designado como Patrimonio de la Humanidad por la UNESCO en 1983, Machu Picchu enfrenta desafíos continuos relacionados con la degradación ambiental, el impacto de los visitantes y el cambio climático, lo que requiere estrategias integrales e iniciativas de colaboración para garantizar su sostenibilidad e integridad cultural a largo plazo.

En el centro de los esfuerzos de preservación se encuentra el imperativo de mantener la estabilidad estructural y la integridad arqueológica de Machu Picchu. Los antiguos edificios de piedra del sitio, construidos sin el uso de mortero, se basan en técnicas precisas de mampostería de piedra seca que han resistido siglos de actividad sísmica y exposición ambiental. Los conservacionistas emplean técnicas especializadas como la consolidación de superficies de piedra deterioradas, la estabilización estructural de muros y terrazas y el monitoreo de las condiciones geológicas para mitigar los riesgos asociados con la erosión del suelo, deslizamientos de tierra y desastres naturales. Estos esfuerzos son esenciales para proteger los tesoros arquitectónicos de Machu Picchu y garantizar que las generaciones futuras puedan continuar estudiando y apreciando su importancia cultural.

Además, las iniciativas de conservación en Machu Picchu van más allá de la preservación física para abarcar la gestión ambiental y el desarrollo sostenible.

La designación del sitio como Patrimonio Mundial de la UNESCO subraya su valor universal excepcional y la importancia de adoptar prácticas de conservación que equilibren el acceso de los visitantes con la protección del ecosistema. Los conservacionistas colaboran con comunidades locales, agencias gubernamentales y organizaciones internacionales para implementar proyectos de restauración de hábitat, programas de monitoreo de la biodiversidad y prácticas de turismo sostenible que minimicen el impacto ambiental y promuevan la resiliencia ecológica en la región andina. Al preservar los ecosistemas naturales de Machu Picchu, incluidos los bosques nubosos, los arroyos de montaña y la diversa flora y fauna, los esfuerzos de conservación contribuyen a la sostenibilidad ecológica del sitio y mejoran su resiliencia al cambio climático y las presiones ambientales.

Además, la preservación del patrimonio cultural en Machu Picchu implica la protección e interpretación de su patrimonio cultural intangible, incluidos los conocimientos tradicionales, las historias orales y las lenguas indígenas asociadas con el sitio. Las comunidades indígenas, como los descendientes de la civilización Inca que hablan quechua, desempeñan un papel vital en los esfuerzos de preservación cultural al compartir conocimientos ancestrales, participar en investigaciones arqueológicas y promover la continuidad de las prácticas culturales que son parte integral de la identidad de Machu Picchu como lugar sagrado. Encrucijada paisajística y cultural. Las iniciativas de colaboración entre arqueólogos, antropólogos y líderes indígenas tienen como objetivo salvaguardar el patrimonio cultural intangible a través de programas educativos, iniciativas de turismo comunitario y la transmisión intergeneracional de conocimientos tradicionales que enriquecen el tapiz de la diversidad cultural global.

Además, los esfuerzos de preservación en Machu Picchu abarcan iniciativas de extensión educativa y participación pública diseñadas para crear conciencia sobre la importancia histórica del sitio, los desafíos de conservación y las prácticas de turismo sostenible. Las exhibiciones interpretativas, visitas guiadas y programas educativos que se ofrecen en el Museo Santuario de Machu Picchu y los centros de visitantes brindan a los visitantes información sobre la historia, la arquitectura y las tradiciones culturales incas, fomentando el aprecio por el rico patrimonio cultural del Perú y promoviendo la administración responsable de los sitios arqueológicos. Al involucrar a los visitantes en conversaciones sobre preservación cultural, sostenibilidad ambiental y comportamiento turístico ético, los conservacionistas buscan inspirar un sentido de administración y responsabilidad colectiva para proteger el legado de Machu Picchu como un tesoro cultural global.

Además, la gestión del acceso de visitantes y los impactos del turismo es una piedra angular de los esfuerzos de preservación en Machu Picchu. Se implementan prácticas de turismo sostenible, incluidas cuotas de visitantes, boletos de entrada programados y rutas designadas para visitantes, para gestionar el flujo de visitantes, minimizar el hacinamiento y proteger las áreas arqueológicas sensibles del desgaste causado por el tráfico peatonal. Estas medidas apuntan a lograr un equilibrio entre promover los ingresos del turismo para las comunidades locales y garantizar la preservación de los recursos culturales y naturales de Machu Picchu. Además, las mejoras en la infraestructura, como sistemas de gestión de residuos, instalaciones sanitarias y señalización interpretativa, son esenciales para mejorar la experiencia de los visitantes y al mismo tiempo reducir el impacto ambiental y promover prácticas de turismo sostenible.

Además de la conservación física y la gestión de visitantes, los esfuerzos de preservación en Machu Picchu abarcan iniciativas de investigación y monitoreo destinadas a promover el conocimiento científico, la innovación tecnológica y las mejores prácticas en la preservación del patrimonio cultural. Los proyectos de investigación colaborativos, los estudios interdisciplinarios y las excavaciones arqueológicas realizadas por equipos internacionales de investigadores contribuyen a la documentación, interpretación y conservación de los sitios arqueológicos, artefactos y paisajes culturales de Machu Picchu. Las tecnologías avanzadas, incluido el escaneo LiDAR, el modelado 3D y las técnicas de detección remota, permiten a los investigadores mapear, analizar y monitorear los cambios en los entornos arqueológicos y naturales de Machu Picchu con una precisión y detalle sin precedentes. Estos avances tecnológicos mejoran las estrategias de conservación, informan las prácticas de gestión adaptativa y apoyan los procesos de toma de decisiones destinados a salvaguardar el patrimonio cultural y la sostenibilidad ambiental de Machu Picchu.

Además, el reconocimiento mundial de Machu Picchu como sitio del Patrimonio Mundial de la UNESCO subraya su papel como símbolo de preservación del patrimonio cultural, investigación científica y colaboración global en la promoción del desarrollo sostenible y la gestión ambiental. Las asociaciones internacionales, los intercambios educativos y las iniciativas de creación de capacidades facilitan el intercambio de conocimientos, el desarrollo de habilidades y los esfuerzos de colaboración para abordar los desafíos comunes relacionados con la preservación del patrimonio cultural y la gestión del turismo sostenible. Al fomentar un compromiso compartido con la conservación, la sostenibilidad y la diversidad cultural, Machu Picchu continúa inspirando admiración, asombro y aprecio por su legado perdurable como testimonio del ingenio humano y la resiliencia cultural en medio del majestuoso paisaje andino.

Los esfuerzos de preservación y conservación en Machu Picchu son esenciales para salvaguardar sus tesoros arqueológicos, su patrimonio cultural y su entorno natural para las generaciones futuras. A través de la colaboración interdisciplinaria, el compromiso comunitario y las prácticas de turismo sostenible, los conservacionistas se esfuerzan por proteger el valor universal excepcional de Machu Picchu, promover la resiliencia ecológica y garantizar su sostenibilidad a largo plazo como ícono cultural global y sitio del Patrimonio Mundial de la UNESCO. Al adoptar principios de gestión cultural, sostenibilidad ambiental y turismo ético, Machu Picchu sirve como un faro de inspiración, educación y reverencia por el legado perdurable de la antigua civilización inca y la belleza eterna del paisaje andino.

Estado de Patrimonio Mundial de la UNESCO

El estatus de Patrimonio Mundial de la UNESCO representa el pináculo del reconocimiento de sitios culturales y naturales de valor universal excepcional, y la inclusión de Machu Picchu en esta prestigiosa lista en 1983 subraya su importancia como ícono cultural global y maravilla arqueológica. Situado en medio del impresionante paisaje de los Andes peruanos, Machu Picchu es un testimonio de la destreza arquitectónica, los logros culturales y el significado espiritual de la antigua civilización Inca. Su designación como Patrimonio de la Humanidad por la UNESCO reconoce el valor universal excepcional de Machu Picchu y la importancia de preservar sus restos arqueológicos, su patrimonio cultural y su entorno natural para las generaciones futuras.

El proceso de obtención del estatus de Patrimonio Mundial de la UNESCO para Machu Picchu fue la culminación de los esfuerzos de las autoridades, arqueólogos, historiadores y defensores culturales peruanos que reconocieron la importancia del sitio como encrucijada cultural y centro del poder inca. El expediente de nominación presentado a la UNESCO enfatizó la combinación única de innovación arquitectónica, alineamientos astronómicos y simbolismo sagrado de Machu Picchu, que refleja las creencias espirituales y culturales de la civilización Inca. La designación del sitio como Patrimonio de la Humanidad se basó en criterios como su representación de una obra maestra del genio creativo humano, su testimonio excepcional de una tradición cultural y su excepcional significado universal como paisaje cultural que continúa inspirando asombro y admiración entre los visitantes. de todo el mundo.

Además, el estatus de Patrimonio Mundial de la UNESCO otorga a Machu Picchu reconocimiento y protección internacional en virtud de la Convención del Patrimonio Mundial, un tratado internacional histórico destinado a salvaguardar sitios del patrimonio cultural y natural de importancia mundial. Como sitio del Patrimonio Mundial, Machu Picchu está sujeto a estrictas directrices y prácticas de gestión diseñadas para garantizar su conservación, desarrollo sostenible y gestión turística responsable. Estas pautas incluyen medidas para preservar la integridad arqueológica del sitio, proteger sus ecosistemas naturales y promover la preservación del patrimonio cultural a través de educación, investigación e iniciativas de participación comunitaria.

Además, el estatus de Patrimonio Mundial de la UNESCO tiene profundas implicaciones para promover la conciencia, la apreciación y la comprensión global de la importancia cultural y el legado histórico de Machu Picchu. Los programas educativos, exhibiciones interpretativas y visitas guiadas que se ofrecen en Machu Picchu y sus centros de visitantes brindan a los visitantes información sobre la historia, la arquitectura y las tradiciones culturales incas, fomentando una apreciación más profunda de la rica diversidad cultural del Perú y promoviendo el diálogo intercultural. Al promover el intercambio cultural y el entendimiento intercultural, el estatus de Patrimonio Mundial de la UNESCO mejora el papel de Machu Picchu como símbolo de preservación del patrimonio cultural y ciudadanía global en un mundo cada vez más interconectado.

Además, el estatus de Patrimonio Mundial de la UNESCO subraya la importancia del desarrollo sostenible y la gestión ambiental para salvaguardar los recursos culturales y naturales de Machu Picchu. Las iniciativas de conservación, los programas de monitoreo de la biodiversidad y las prácticas de turismo sostenible son esenciales para minimizar el impacto ambiental, mitigar los riesgos del cambio climático y promover la resiliencia ecológica en la región andina. Al integrar principios de gestión cultural, sostenibilidad ambiental y participación comunitaria, el estatus de Patrimonio Mundial de la UNESCO facilita los esfuerzos de colaboración entre agencias gubernamentales, organizaciones conservacionistas, comunidades locales y partes interesadas internacionales para garantizar la sostenibilidad a largo plazo de Machu Picchu como testimonio vivo de la humanidad. ingenio y resiliencia cultural.

Además, el estatus de Patrimonio Mundial de la UNESCO mejora la visibilidad y la importancia global de Machu Picchu como destino cultural que atrae a millones de visitantes anualmente, contribuyendo a la industria turística y al desarrollo económico del Perú. La accesibilidad del sitio a través de Cusco, una ciudad histórica conocida por su mezcla de arquitectura colonial inca y española, sirve como puerta de entrada para los viajeros que buscan explorar Machu Picchu y los paisajes culturales del Valle Sagrado. Los servicios turísticos como hoteles, restaurantes y tiendas de souvenirs en pueblos cercanos como Aguas Calientes apoyan las economías locales y brindan medios de vida a miles de residentes a través del empleo en hotelería, servicios turísticos y artesanías.

Sin embargo, el estatus de Patrimonio Mundial de la UNESCO también plantea desafíos relacionados con la gestión del acceso de los visitantes, la preservación de la integridad cultural y el equilibrio de las prioridades de conservación con el desarrollo del turismo sostenible. El exceso de turismo, la infraestructura inadecuada y la degradación ambiental son preocupaciones apremiantes que requieren estrategias de gestión adaptativa, planes de gestión de visitantes e iniciativas comunitarias para mitigar los impactos negativos en el patrimonio cultural y el entorno natural de Machu Picchu. Los esfuerzos de colaboración entre agencias gubernamentales, organizaciones conservacionistas, comunidades locales y partes interesadas internacionales son esenciales para implementar medidas de conservación efectivas, promover prácticas turísticas responsables y garantizar beneficios equitativos para las comunidades locales, preservando al mismo tiempo el valor universal excepcional de Machu Picchu como tesoro cultural global.

El estatus de Patrimonio Mundial de la UNESCO subraya la importancia de Machu Picchu como una obra maestra cultural y arqueológica de importancia mundial, reconocida por su innovación arquitectónica, simbolismo cultural y significado espiritual tanto para los pueblos indígenas como para los visitantes. Al promover la preservación del patrimonio cultural, el desarrollo sostenible y la cooperación global, el estatus de Patrimonio Mundial de la UNESCO reafirma el papel de Machu Picchu como símbolo del ingenio humano, la resiliencia cultural y la gestión ambiental en un mundo interconectado. A través de esfuerzos de colaboración y administración responsable, Machu Picchu continúa inspirando admiración, asombro y reverencia por su legado perdurable como testimonio de los logros y el legado cultural de la antigua civilización Inca en medio del majestuoso paisaje andino.

Impacto y legado cultural

Machu Picchu, enclavado en medio de los picos cubiertos de niebla de los Andes peruanos, se erige no sólo como una maravilla arqueológica sino también como un profundo símbolo del patrimonio cultural y el ingenio humano. Su impacto y legado cultural se extienden mucho más allá de sus restos físicos, abarcando su papel como santuario espiritual, obra maestra arquitectónica y testimonio del legado perdurable de la antigua civilización Inca. Este sitio declarado Patrimonio de la Humanidad por la UNESCO ha cautivado la imaginación de académicos, aventureros y artistas por igual, dejando una marca indeleble en la conciencia cultural global y dando forma a las percepciones de las culturas indígenas, la preservación histórica y la interconexión de la humanidad.

En esencia, Machu Picchu representa un pináculo de los logros arquitectónicos y la planificación urbana inca, caracterizado por su precisa mampostería de piedra, agricultura en terrazas y sofisticados sistemas de gestión del agua. Construido durante el siglo XV bajo el liderazgo del Inca Pachacuti, Machu Picchu sirvió como propiedad real y centro ceremonial sagrado, reflejando las creencias espirituales y la cosmovisión cosmológica de la civilización Inca. Su ubicación estratégica en medio de las montañas andinas y su integración con paisajes naturales subrayan su relación armoniosa con el medio ambiente y su importancia como paisaje cultural que continúa inspirando asombro y reverencia.

El impacto cultural de Machu Picchu se extiende más allá de su estructura física para abarcar su significado espiritual como sitio sagrado asociado con rituales incas, observaciones astronómicas y tradiciones ancestrales. Los estudiosos creen que el diseño y las características arquitectónicas de Machu Picchu fueron diseñados para alinearse con eventos celestiales como solsticios y equinoccios, destacando su papel como observatorio astronómico y centro ceremonial donde los sacerdotes incas llevaban a cabo rituales para honrar a deidades y antepasados. La importancia espiritual del sitio se ve subrayada aún más por su geografía sagrada, que incluye montañas sagradas, santuarios de piedra y manantiales naturales que se creía que poseían propiedades curativas y energía espiritual.

Además, el impacto cultural de Machu Picchu se refleja en su representación del conocimiento, la artesanía y la expresión artística indígenas que encarnan el tapiz de la civilización inca. La intrincada mampostería, las esculturas de piedra tallada y las plazas ceremoniales del sitio reflejan el dominio de la arquitectura de los incas y su reverencia por los materiales naturales como el granito y la piedra caliza. Los artefactos descubiertos en Machu Picchu, incluyendo cerámica, textiles y objetos ceremoniales, brindan información sobre la vida cotidiana, la organización social y los logros artísticos del pueblo inca, enriqueciendo nuestra comprensión de sus prácticas culturales e innovaciones tecnológicas.

Además de su importancia arqueológica, el impacto cultural de Machu Picchu es evidente en su influencia en las percepciones globales de las culturas indígenas, la preservación histórica y el turismo patrimonial. Como sitio declarado Patrimonio de la Humanidad por la UNESCO y una de las Siete Nuevas Maravillas del Mundo, Machu Picchu atrae a millones de visitantes anualmente que buscan experimentar de primera mano su esplendor cultural, resonancia espiritual y significado histórico. La accesibilidad del sitio a través de Cusco y el icónico recorrido del Camino Inca lo han convertido en un destino de peregrinación para viajeros de todo el mundo, fomentando el intercambio cultural, el diálogo intercultural y el aprecio por la rica diversidad cultural del Perú.

Además, el legado cultural de Machu Picchu está entrelazado con los esfuerzos por preservar e interpretar sus restos arqueológicos, su patrimonio cultural intangible y sus paisajes naturales para las generaciones futuras. Las iniciativas de conservación, los programas educativos y las iniciativas de turismo comunitario tienen como objetivo promover la administración responsable, el desarrollo sostenible y la preservación cultural al tiempo que mejoran la experiencia de los visitantes y fomentan las oportunidades económicas locales. Al involucrar a las comunidades locales, los grupos indígenas y las partes interesadas internacionales en los esfuerzos de conservación, Machu Picchu continúa sirviendo como modelo para la preservación del patrimonio y la gestión del turismo sostenible en un contexto global.

Sin embargo, el impacto y el legado cultural de Machu Picchu también enfrentan desafíos relacionados con el exceso de turismo, la degradación ambiental y el cambio climático que amenazan su integridad arqueológica y sus ecosistemas naturales. Las prácticas de turismo sostenible, las estrategias de gestión de visitantes y las medidas de conservación adaptativas son esenciales para equilibrar el acceso de los visitantes con las prioridades de conservación y garantizar la sostenibilidad a largo plazo del sitio como tesoro cultural global. Los esfuerzos de colaboración entre agencias gubernamentales, organizaciones conservacionistas, comunidades locales y partes interesadas internacionales son cruciales para abordar estos desafíos y salvaguardar el valor universal excepcional de Machu Picchu como símbolo del ingenio humano, la resiliencia cultural y la gestión ambiental.

El impacto y el legado cultural de Machu Picchu se definen por su grandeza arquitectónica, significado espiritual y papel como paisaje cultural que continúa inspirando asombro, admiración y reverencia entre visitantes de todo el mundo. Como sitio del Patrimonio Mundial de la UNESCO y símbolo de la civilización inca, Machu Picchu sirve como testimonio de los logros y el legado cultural de los pueblos indígenas, promoviendo la conciencia, la apreciación y la comprensión global de la diversidad cultural, la preservación histórica y el desarrollo sostenible. A través de esfuerzos colaborativos y una gestión responsable, Machu Picchu continúa inspirando a las generaciones futuras a adoptar la preservación del patrimonio cultural, la sostenibilidad ambiental y el diálogo intercultural como pilares esenciales de la ciudadanía global y la resiliencia cultural en un mundo interconectado.

Influencia en la identidad peruana

Machu Picchu tiene una profunda influencia en la identidad y el orgullo cultural del Perú, y sirve como símbolo del rico patrimonio histórico y legado indígena de la nación. Situado en medio de los imponentes picos de la Cordillera de los Andes, Machu Picchu encarna el genio arquitectónico y el significado espiritual de la antigua civilización Inca, que floreció en la región entre los siglos XV y XVI. Su descubrimiento por Hiram Bingham en 1911 atrajo la atención internacional hacia los tesoros culturales del Perú y despertó un renovado sentido de identidad nacional arraigado en las tradiciones, la artesanía y la destreza tecnológica indígenas.

Para los peruanos, Machu Picchu representa una fuente de orgullo e identidad nacional, simbolizando resiliencia, ingenio y continuidad cultural en medio de siglos de colonización y asimilación cultural. La designación del sitio como Patrimonio Mundial de la UNESCO en 1983 reforzó su importancia como ícono cultural y símbolo del compromiso del Perú de preservar su patrimonio cultural para las generaciones futuras. La inclusión de Machu Picchu en los planes de estudio escolares, festivales culturales y celebraciones nacionales subraya su papel en el fomento de un sentido de identidad cultural y conciencia histórica entre los peruanos, promoviendo el orgullo por la herencia indígena y el conocimiento tradicional que continúa dando forma a la narrativa nacional y la memoria colectiva del Perú.

Además, la influencia de Machu Picchu en la identidad peruana se extiende más allá de su importancia arqueológica para abarcar su impacto económico y sus contribuciones al desarrollo turístico. La popularidad del sitio como destino turístico global ha estimulado las economías locales, generado oportunidades de empleo y apoyado el desarrollo de infraestructura en comunidades cercanas como Aguas Calientes y Cusco. Los ingresos del turismo derivados de Machu Picchu contribuyen a proyectos de desarrollo regional, iniciativas educativas y esfuerzos de preservación cultural que benefician a las comunidades locales y promueven prácticas de turismo sostenible alineadas con la conservación ambiental y la administración cultural.

Además, Machu Picchu sirve como punto focal para el intercambio cultural, el diálogo intercultural y el reconocimiento global del diverso patrimonio cultural del

Perú. Visitantes internacionales, eruditos y entusiastas de la cultura viajan a Machu Picchu para experimentar su belleza mística, explorar sus maravillas arqueológicas y aprender sobre las antiguas tradiciones y creencias de la civilización Inca. Las iniciativas de turismo cultural, las visitas guiadas y los programas educativos que se ofrecen en Machu Picchu y sus centros de visitantes brindan a los visitantes información sobre la historia, el arte y las prácticas culturales del Perú, fomentando el entendimiento intercultural y el aprecio por la diversidad cultural del Perú a escala global.

En resumen, la influencia de Machu Picchu en la identidad peruana es multifacética y abarca su papel como símbolo de orgullo nacional, preservación del patrimonio cultural y prosperidad económica. La importancia del sitio se extiende más allá de sus restos arqueológicos para abarcar su impacto en las comunidades locales, las oportunidades educativas y el reconocimiento global del rico legado cultural del Perú. Al promover el orgullo cultural, la conciencia histórica y las prácticas de turismo sostenible, Machu Picchu continúa inspirando admiración, asombro y reverencia como símbolo atemporal de la perdurable herencia cultural del Perú y los notables logros de la antigua civilización Inca.

Percepción y fascinación global

La percepción y la fascinación global de Machu Picchu tienen sus raíces en su condición de uno de los sitios arqueológicos más emblemáticos del mundo, reconocido por su grandeza arquitectónica, encanto místico y significado cultural. Ubicado en lo alto de una montaña en los Andes peruanos, Machu Picchu cautiva la imaginación de viajeros, eruditos y entusiastas de la cultura de todo el mundo que buscan desentrañar sus misterios, explorar sus antiguas ruinas y experimentar su resonancia espiritual de primera mano. Su designación como sitio del Patrimonio Mundial de la UNESCO y su inclusión entre las Siete Nuevas Maravillas del Mundo subrayan su importancia global y su atractivo duradero como símbolo del ingenio humano, la diversidad cultural y el legado histórico.

La fascinación global por Machu Picchu se ve alimentada por su enigmática historia, su esplendor arquitectónico y su simbolismo espiritual, que reflejan los logros culturales y la destreza tecnológica de la civilización Inca. Construido durante el siglo XV bajo el reinado del Inca Pachacuti, Machu Picchu sirvió como propiedad real, centro ceremonial y observatorio astronómico, encarnando la profunda reverencia de los Incas por el entorno natural y su conexión espiritual con el cosmos. Los templos de piedra bien conservados del sitio, los campos agrícolas en terrazas y los intrincados sistemas de gestión del agua continúan inspirando admiración por el ingenio arquitectónico de los incas y su integración armoniosa de las estructuras construidas con los paisajes naturales.

Además, la percepción global de Machu Picchu está determinada por su asociación con la exploración, la aventura y la búsqueda de conocimiento sobre civilizaciones antiguas. El descubrimiento del sitio por el explorador estadounidense Hiram Bingham en 1911 despertó el interés y la curiosidad internacional sobre la ciudad perdida de los incas, lo que dio lugar a décadas de investigación arqueológica, investigación científica y debate académico sobre su propósito, técnicas de construcción y significado cultural. Las expediciones de Bingham y las publicaciones posteriores introdujeron Machu Picchu en el escenario mundial, posicionándolo como un símbolo de exploración y descubrimiento que continúa cautivando la imaginación e inspirando curiosidad sobre los misterios del mundo antiguo.

Además, la fascinación global de Machu Picchu se ve amplificada por su accesibilidad a través del icónico Camino Inca, que ofrece a los aventureros y entusiastas de la naturaleza una oportunidad única en la vida de viajar a través de los impresionantes paisajes andinos del Perú y experimentar el patrimonio cultural de la civilización Inca. El desafiante terreno de la caminata, las vistas panorámicas y la importancia histórica como antigua ruta comercial contribuyen al atractivo de Machu Picchu como un destino de lista de deseos para los viajeros que buscan aventura, inmersión cultural y enriquecimiento espiritual en medio de la majestuosa belleza de los Andes peruanos.

La percepción y la fascinación global de Machu Picchu están ancladas en su condición de Patrimonio de la Humanidad por la UNESCO y símbolo de la creatividad humana, la diversidad cultural y el legado histórico. La enigmática historia, el esplendor arquitectónico y la resonancia espiritual del sitio continúan inspirando admiración, asombro y reverencia entre los visitantes de todo el mundo que se sienten atraídos por su belleza mística, sus maravillas arqueológicas y su significado cultural. Al promover el intercambio intercultural, el diálogo intercultural y la apreciación global del rico patrimonio cultural del Perú, Machu Picchu sirve como un símbolo atemporal de exploración, descubrimiento y el legado perdurable de la antigua civilización Inca en medio de los impresionantes paisajes de los Andes peruanos..

Papel en la arqueología moderna

El papel de Machu Picchu en la arqueología moderna se extiende más allá de su condición de Patrimonio Mundial de la UNESCO para abarcar su importancia como laboratorio viviente para estudiar civilizaciones antiguas, promover el conocimiento científico y preservar el patrimonio cultural en un contexto global. Ubicado en el corazón de los Andes peruanos, Machu Picchu ofrece a arqueólogos, historiadores e investigadores una oportunidad única para desentrañar los misterios de la civilización Inca, explorar sus logros arquitectónicos e investigar sus prácticas culturales a través de investigación interdisciplinaria, innovación tecnológica y asociaciones de colaboración. .

Las excavaciones arqueológicas en Machu Picchu han aportado conocimientos invaluables sobre la planificación urbana, las técnicas de ingeniería y la organización social de los incas, arrojando luz sobre las estructuras políticas, económicas y religiosas que dieron forma a la vida dentro de la antigua ciudad. El descubrimiento de complejos residenciales, terrazas agrícolas y plazas ceremoniales ha proporcionado evidencia de la función de Machu Picchu como propiedad real, santuario espiritual y centro administrativo para la élite inca, ofreciendo pistas para comprender su gobernanza, creencias culturales e interacciones con las sociedades vecinas. .

Además, el papel de Machu Picchu en la arqueología moderna se ve reforzado por los avances en los métodos científicos y las herramientas tecnológicas que permiten a los investigadores realizar estudios no invasivos, modelado 3D y técnicas de detección remota para mapear, analizar y monitorear los cambios en el paisaje arqueológico con una precisión sin precedentes. . La tecnología LiDAR (Light Detección y Rango), imágenes satelitales y radares de penetración terrestre han revolucionado la investigación arqueológica en Machu Picchu, facilitando la identificación de estructuras ocultas, características subterráneas y caminos antiguos que contribuyen a nuestra comprensión de su organización espacial y significado cultural..

Además, Machu Picchu sirve como plataforma para proyectos de investigación colaborativa, asociaciones internacionales e iniciativas de intercambio de conocimientos destinadas a promover la investigación científica, promover la preservación del patrimonio cultural y fomentar la cooperación global en la conservación arqueológica. Los estudios interdisciplinarios, las expediciones de trabajo de campo y los programas educativos realizados por equipos internacionales de investigadores contribuyen a la documentación, interpretación y conservación de los sitios arqueológicos, artefactos y paisajes culturales de Machu Picchu, enriqueciendo nuestra comprensión de la civilización inca y su legado perdurable en los Andes. región.

Además, el papel de Machu Picchu en la arqueología moderna está entrelazado con esfuerzos para promover prácticas de investigación éticas, participación comunitaria y gestión turística sostenible que equilibren las prioridades de conservación con la exploración científica y el acceso de los visitantes. Los arqueólogos colaboran con comunidades locales, grupos indígenas y agencias gubernamentales para garantizar que las actividades de investigación respeten los protocolos culturales, prioricen la gestión ambiental y promuevan la participación inclusiva en los esfuerzos de preservación del patrimonio que beneficien a las economías locales y fomenten el respeto mutuo por la diversidad cultural.

El papel de Machu Picchu en la arqueología moderna subraya su importancia como tesoro cultural, laboratorio científico y sitio de patrimonio mundial que continúa inspirando curiosidad, exploración e investigación académica sobre los logros y el legado cultural de la antigua civilización Inca. Al promover la investigación interdisciplinaria, la innovación tecnológica y la colaboración internacional, Machu Picchu contribuye al avance del conocimiento arqueológico, la preservación del patrimonio cultural y la comprensión global de las civilizaciones antiguas en un mundo que cambia rápidamente. A través de esfuerzos de colaboración y administración responsable, Machu Picchu sirve como un faro de descubrimiento, educación y reverencia por los notables logros de la civilización Inca y el legado perdurable del ingenio humano en medio de los majestuosos paisajes de los Andes peruanos.

Parte V: Visitando Machu Picchu

Planificando tu visita

Planificar una visita a Machu Picchu, uno de los sitios arqueológicos más emblemáticos del mundo, requiere una preparación cuidadosa para garantizar una experiencia fluida y enriquecedora. Ubicado en lo alto de la Cordillera de los Andes del Perú, Machu Picchu ofrece vistas impresionantes, intriga histórica y significado cultural que cautivan a millones de visitantes cada año. La planificación eficaz implica comprender la logística del viaje, seleccionar el alojamiento adecuado, obtener los permisos necesarios y prepararse para las exigencias físicas del viaje.

El viaje a Machu Picchu normalmente comienza con un vuelo a Cuzco, la ciudad principal más cercana y antigua capital del Imperio Inca. El propio Cusco es Patrimonio de la Humanidad por la UNESCO y un destino fascinante, rico en historia colonial e inca. Pasar un par de días en Cusco antes de dirigirse a Machu Picchu es recomendable para aclimatarse a la altitud, que puede alcanzar hasta 11.000 pies sobre el nivel del mar. Este período de adaptación ayuda a prevenir el mal de altura y permite a los visitantes explorar las muchas atracciones que Cusco tiene para ofrecer.

Desde Cusco, los viajeros tienen dos opciones principales para llegar a Machu Picchu: en tren o recorriendo el Camino Inca. El viaje en tren es la opción más popular y conveniente, con varias compañías que ofrecen paseos panorámicos a través del Valle Sagrado hasta Aguas Calientes, el pueblo en la base de Machu Picchu. El viaje en tren en sí es una experiencia que ofrece impresionantes vistas de paisajes andinos, ríos y pequeños pueblos. Para los más aventureros, el Camino Inca ofrece una caminata de cuatro días que culmina con una espectacular llegada a Machu Picchu a través de la Puerta del Sol. Esta ruta requiere reserva previa y permiso debido a su popularidad y acceso regulado para preservar el sendero.

El alojamiento en Aguas Calientes abarca desde hoteles de lujo hasta hostales económicos, que atienden a diferentes preferencias y presupuestos. Pasar la noche en Aguas Calientes permite comenzar temprano hacia Machu Picchu, lo que puede ser crucial para aquellos que desean experimentar el sitio con menos multitudes o ver el amanecer sobre las montañas. Las visitas temprano en la mañana o al final de la tarde también brindan la mejor iluminación para la fotografía y un ambiente más tranquilo.

Consejos de viaje y logística

Al planificar un viaje a Machu Picchu, prestar atención a la logística puede mejorar significativamente la experiencia. Un elemento crucial es obtener los permisos y billetes necesarios con mucha antelación. La entrada a Machu Picchu está limitada para proteger el sitio del exceso de turismo y las entradas suelen agotarse, especialmente durante las temporadas altas, de mayo a septiembre. Los boletos se pueden comprar en línea a través del sitio web oficial del gobierno o mediante agencias de viajes autorizadas. También es importante señalar que existen diferentes tipos de boletos, algunos de los cuales incluyen el acceso a las caminatas de la Montaña Huayna Picchu o Machu Picchu, ofreciendo vistas panorámicas del sitio.

Hacer la maleta adecuadamente para el viaje es otro aspecto imprescindible. El clima en los Andes puede ser impredecible, con importantes variaciones de temperatura a lo largo del día. Se recomienda ropa en capas para adaptarse a las condiciones cambiantes, junto con zapatos cómodos para caminar adecuados para terrenos irregulares y a veces resbaladizos. Artículos adicionales como una chaqueta para la lluvia, un sombrero, protector solar, repelente de insectos y una botella de agua reutilizable garantizarán comodidad y protección durante la visita.

Las consideraciones de salud también son primordiales. La gran altitud puede afectar incluso a las personas más en forma, por lo que tomar las cosas con calma y mantenerse hidratado es la clave. Los viajeros deben considerar traer medicamentos para el mal de altura y consultar con un proveedor de atención médica antes del viaje. Si bien Aguas Calientes cuenta con instalaciones médicas básicas, en Cusco hay atención más integral.

Los viajeros deben ser conscientes del impacto cultural y ambiental de su visita. Respetar las costumbres locales, apoyar las prácticas de turismo sostenible y minimizar los residuos mediante el uso de botellas de agua recargables y evitar los plásticos de un solo uso contribuyen a la preservación de este sitio histórico. La colaboración con guías y empresas locales también garantiza que el turismo beneficie a la comunidad y apoye el mantenimiento del patrimonio cultural.

Visitas guiadas versus exploración independiente

Elegir entre una visita guiada y una exploración independiente de Machu Picchu depende de las preferencias personales y del tipo de experiencia buscada. Las visitas guiadas ofrecen varias ventajas, incluido el conocimiento profundo de guías profesionales que brindan contexto histórico, conocimientos culturales e información interpretativa sobre la importancia del sitio. Los guías pueden ayudar a navegar por el complejo diseño de Machu Picchu, asegurando que los visitantes vean todos los puntos clave y comprendan su importancia dentro de la civilización Inca. Para aquellos que no están familiarizados con la historia y la cultura de la región, una visita guiada puede mejorar enormemente la experiencia, dando vida a las antiguas ruinas con historias y explicaciones.

Las visitas guiadas están disponibles en varios formatos, desde visitas privadas que ofrecen atención personalizada hasta visitas en grupo que pueden resultar más económicas. Algunos tours también incluyen servicios adicionales como arreglos de transporte, opciones de comida y visitas a otras atracciones cercanas. Este enfoque integral puede simplificar la logística y proporcionar una experiencia más estructurada y educativa.

Por otro lado, la exploración independiente ofrece mayor flexibilidad y la oportunidad de experimentar Machu Picchu a su propio ritmo. Esta opción permite a los visitantes detenerse en sus lugares favoritos, tomar fotografías sin limitaciones de tiempo y disfrutar de la soledad de las zonas menos visitadas del sitio. Para aquellos que prefieren un enfoque más espontáneo y autodirigido, la exploración independiente puede resultar profundamente gratificante.

Sin embargo, es recomendable que los viajeros independientes realicen una investigación exhaustiva de antemano. Familiarizarse con el diseño de Machu Picchu, comprender el significado de las estructuras principales y leer sobre la historia y la cultura de los Incas puede proporcionar una experiencia autoguiada que sea a la vez informativa y satisfactoria. Las guías, audioguías y aplicaciones móviles también pueden servir como recursos valiosos para la exploración independiente.

Combinar ambos enfoques también puede resultar beneficioso. Comenzar con una visita guiada para adquirir conocimientos básicos y luego dedicar más tiempo a explorar de forma independiente permite disfrutar de una experiencia completa. Este enfoque híbrido ofrece lo mejor de ambos mundos, proporcionando conocimientos de expertos y al mismo tiempo permitiendo el descubrimiento y la reflexión personal.

Qué ver y hacer

Machu Picchu es un vasto sitio con numerosas áreas de interés, cada una de las cuales ofrece una visión única de la civilización Inca. La estructura más emblemática es la piedra Intihuatana, una antigua piedra ritual asociada con observaciones astronómicas. La precisión con la que los incas tallaron esta piedra refleja su avanzado conocimiento de la astronomía y su importancia en sus prácticas religiosas y agrícolas.

Otra visita obligada es el Templo del Sol, conocido por su construcción semicircular y alineación con el solsticio de junio. El templo presenta mampostería finamente elaborada y ventanas que se alinean con los movimientos del sol, resaltando el sofisticado conocimiento arquitectónico y astronómico de los incas. La cercana Sala de las Tres Ventanas es otra maravilla arquitectónica que ofrece impresionantes vistas de las montañas y valles circundantes.

La Plaza Sagrada, con sus importantes estructuras religiosas, incluido el Templo Principal y la Casa del Sacerdote, permite vislumbrar la vida espiritual de los Incas. La intrincada mampostería y la ubicación estratégica de estas estructuras subrayan la importancia ceremonial del sitio. Explorar estas áreas permite a los visitantes apreciar la destreza de ingeniería de los incas y su profunda conexión con su entorno.

Para aquellos interesados en el senderismo, son muy recomendables los senderos a Huayna Picchu y la Montaña Machu Picchu. Huayna Picchu, el imponente pico que a menudo se ve en el fondo de las fotografías icónicas de Machu Picchu, ofrece una caminata desafiante pero gratificante con vistas panorámicas de las ruinas y el paisaje circundante. La subida incluye escalones empinados y caminos estrechos, por lo que es más adecuada para personas en buena forma física. La montaña Machu Picchu, aunque menos empinada, ofrece vistas igualmente impresionantes y es una excelente alternativa para quienes buscan una caminata menos concurrida.

Más allá del sitio arqueológico, los alrededores ofrecen actividades y atracciones adicionales. Los Jardines Mandor, ubicados a pocos pasos de Aguas Calientes, son un lugar tranquilo con exuberante vegetación, cascadas y oportunidades para observar aves. Los jardines son parte de un proyecto de conservación privado y brindan un escape tranquilo de las áreas más concurridas de Machu Picchu.

El pueblo de Aguas Calientes en sí tiene varias atracciones, incluidas aguas termales que ofrecen una forma relajante de relajarse después de un día de exploración. También vale la pena visitar el pequeño pero informativo Museo de Machu Picchu y el Mariposario (Casa de las Mariposas), que brindan información educativa sobre el patrimonio natural y cultural de la región.

Planificar una visita a Machu Picchu implica una cuidadosa consideración de la logística del viaje, las opciones de alojamiento, los requisitos de permisos y las consideraciones de salud. La elección entre visitas guiadas y exploración independiente depende de las preferencias personales y las experiencias deseadas, y ambas opciones ofrecen ventajas únicas. Explorar las diversas estructuras y senderos dentro de Machu Picchu, junto con las atracciones circundantes, garantiza una experiencia integral y memorable que resalta la importancia histórica, cultural y natural del sitio.

Caminando por el Camino Inca

Recorrer el Camino Inca a Machu Picchu es un viaje transformador que lleva a los aventureros a través de impresionantes paisajes andinos, ruinas antiguas y bosques nubosos, culminando con la llegada a la icónica Puerta del Sol de Machu Picchu. Este sendero no es sólo un desafío físico sino también un viaje a través de la historia, que ofrece una conexión profunda con la civilización Inca que una vez prosperó en estas montañas. El Camino Inca, una red de senderos construidos por los incas hace más de 500 años, es la ruta más famosa y popular a Machu Picchu. Sin embargo, es una caminata que requiere una preparación cuidadosa, preparación física y respeto por el medio ambiente y el patrimonio cultural de la región.

El Camino Inca clásico es una caminata de cuatro días que cubre aproximadamente 26 millas (42 kilómetros) y es la ruta más buscada. El recorrido comienza en el Kilómetro 82, cerca del pueblo de Ollantaytambo en el Valle Sagrado. El primer día es relativamente suave, lo que permite a los excursionistas aclimatarse a la altitud y a las condiciones del sendero. Esta sección pasa por pequeños pueblos y sitios arqueológicos, como Patallacta, lo que brinda una introducción a las impresionantes terrazas agrícolas y patrones de asentamiento de los incas.

El segundo día se considera el más desafiante, ya que los excursionistas ascienden al Paso de la Mujer Muerta, el punto más alto del sendero a 13,828 pies (4,215 metros). La subida es empinada y exigente, poniendo a prueba la resistencia y la aclimatación a la gran altura. El descenso desde el paso es igualmente duro, con escalones empinados y desiguales que conducen al valle de Pacaymayo. El tercer día trae una combinación de ascensos y descensos, pasando por exuberantes bosques nubosos y llanuras de gran altitud, con visitas a ruinas importantes como Runkurakay, Sayacmarca y Phuyupatamarca. Estos sitios brindan información sobre las sofisticadas habilidades arquitectónicas y de ingeniería de los incas, así como su capacidad para adaptarse a diversos entornos.

El último día de la caminata comienza temprano, con una caminata antes del amanecer hasta la Puerta del Sol (Inti Punku). Este mirador ofrece la primera visión de Machu Picchu, bañado por la luz dorada del sol naciente. El descenso desde la Puerta del Sol a Machu Picchu está lleno de anticipación y asombro a medida que el sitio icónico gradualmente va apareciendo a la vista. La sensación de logro y el impresionante paisaje hacen que el agotador viaje valga la pena.

Rutas y Desafíos

Si bien el Camino Inca clásico es el más famoso, existen rutas alternativas que ofrecen diferentes experiencias y desafíos. El Salkantay Trek, por ejemplo, es una ruta más larga y exigente que atraviesa diversos paisajes, incluido el paso de Salkantay de gran altitud a 15,213 pies (4,638 metros). Esta ruta ofrece impresionantes vistas de picos nevados y lagos glaciares, y culmina con una visita a Machu Picchu. El Lares Trek es otra alternativa, que se centra más en la inmersión cultural, ya que pasa por pueblos andinos tradicionales donde los excursionistas pueden interactuar con las comunidades locales y aprender sobre su forma de vida.

Independientemente de la ruta elegida, recorrer el Camino Inca presenta varios desafíos. La gran altitud es un factor importante que afecta la respiración y el rendimiento físico. La aclimatación es crucial para evitar el mal de altura, que puede variar desde síntomas leves como dolores de cabeza y náuseas hasta afecciones graves que ponen en peligro la vida. El terreno en sí es accidentado, con ascensos y descensos empinados, senderos estrechos y escalones de piedra irregulares. Las condiciones climáticas pueden variar mucho, desde cálidas y soleadas hasta frías y lluviosas, a menudo dentro del mismo día. Esta variabilidad requiere que los excursionistas estén bien preparados con el equipo y la ropa adecuados.

Las exigencias físicas del sendero requieren un buen nivel de condición física y resistencia. Si bien el sendero es accesible para personas de distintas edades, se recomienda que los excursionistas realicen ejercicios cardiovasculares y de fuerza con regularidad en los meses previos a la caminata. Las caminatas largas, las caminatas y subir escaleras pueden ayudar a desarrollar la resistencia y la fuerza muscular necesarias para soportar las rigurosas exigencias del sendero.

Preparación y seguridad

La preparación para recorrer el Camino Inca implica más que entrenamiento físico; también requiere una planificación logística exhaustiva y atención a la seguridad. Obtener un permiso es el primer paso, ya que el acceso al Camino Inca está estrictamente regulado para preservar el medio ambiente y los sitios históricos. Los permisos están limitados a 500 personas por día, incluidos guías y porteadores, y a menudo se agotan con meses de antelación, especialmente durante la temporada alta, de mayo a septiembre. Es obligatorio reservar a través de un operador turístico autorizado, ya que no se permite el senderismo en solitario. Estos operadores se encargan de la adquisición de permisos, proporcionan guías experimentados y organizan los porteadores y el equipo.

Llevar el equipo adecuado es esencial para una caminata exitosa. Una mochila de buena calidad, botas de montaña cómodas y duraderas, ropa en capas para adaptarse a las condiciones climáticas cambiantes, una chaqueta impermeable y un sombrero para protegerse del sol son fundamentales. También se recomienda un saco de dormir adecuado para temperaturas frías, una tienda de campaña liviana y un bastón de trekking para mayor estabilidad en terrenos empinados e irregulares. Además, llevar snacks, una botella de agua recargable con sistema de purificación, un botiquín de primeros auxilios y medicamentos personales garantiza comodidad y seguridad en el camino.

La seguridad en el Camino Inca es primordial, y ser consciente de los riesgos y tomar medidas preventivas puede ayudar a evitar accidentes y problemas de salud. La aclimatación a la altitud es fundamental y pasar unos días en Cusco o el Valle Sagrado antes de comenzar la caminata puede ayudar. Beber mucha agua, comer comidas ligeras y evitar el alcohol y la cafeína también pueden mitigar el mal de altura. Los guías están capacitados para reconocer los síntomas y brindar asistencia, pero los excursionistas deben comunicar cualquier malestar o problema de salud de inmediato.

La preparación física incluye no sólo desarrollar resistencia y fuerza, sino también comprender los propios límites. Mantener el ritmo, tomar descansos regulares y no esforzarse demasiado son estrategias importantes para evitar la fatiga y las lesiones. Una nutrición e hidratación adecuadas son igualmente importantes, ya que el esfuerzo físico y la altitud pueden provocar deshidratación y agotamiento de energía.

La responsabilidad ambiental es otro aspecto clave de la preparación. El Camino Inca pasa por ecosistemas delicados y sitios de importancia cultural, por lo que minimizar el impacto es crucial. Esto implica seguir los principios de No dejar rastro, como empacar toda la basura, permanecer en los senderos designados y respetar la vida silvestre y la vegetación. Los operadores turísticos desempeñan un papel importante en la promoción de prácticas sostenibles, y elegir un operador responsable que dé prioridad a la preservación ambiental y cultural mejora la experiencia general.

Caminar por el Camino Inca es un viaje que combina desafío físico, descubrimiento histórico y belleza natural. Una preparación cuidadosa, el respeto por el medio ambiente y la comprensión de las exigencias de la ruta garantizan una aventura segura y gratificante. Ya sea tomando la ruta clásica o explorando senderos alternativos, la experiencia ofrece una conexión profunda con el legado Inca y los impresionantes paisajes de los Andes.

Conclusión

El perdurable legado de Machu Picchu

Machu Picchu, a menudo conocida como la "Ciudad Perdida de los Incas", es uno de los símbolos más emblemáticos de la civilización antigua y el ingenio humano. Ubicada en lo alto de los Andes peruanos, esta ciudadela inca del siglo XV ha cautivado la imaginación de personas de todo el mundo desde su redescubrimiento a principios del siglo XX. El legado de Machu Picchu se extiende más allá de sus ruinas físicas y encarna un profundo significado histórico, cultural y espiritual que continúa inspirando a eruditos, viajeros y comunidades indígenas por igual. Reflexionar sobre el legado perdurable de Machu Picchu revela un patrimonio multifacético que combina maravillas arqueológicas, orgullo cultural y continua intriga académica.

Reflexionando sobre su importancia

La importancia de Machu Picchu tiene sus raíces en sus extraordinarios logros arquitectónicos y de ingeniería, su importancia cultural y religiosa y su papel como símbolo del ingenio y la resistencia de los incas. Construido durante el apogeo del Imperio Inca, el sitio ejemplifica las técnicas sofisticadas y la sensibilidad artística de la civilización Inca. La perfecta integración de sus estructuras con el paisaje circundante, la precisión de su mampostería de piedra y la complejidad de su agricultura en terrazas demuestran una profunda comprensión de la ingeniería, la agricultura y la armonía ambiental.

Culturalmente, Machu Picchu cumplió múltiples funciones potenciales, incluida la de propiedad real del emperador Pachacuti, santuario religioso y observatorio astronómico. La alineación del sitio con eventos celestiales y su incorporación de la geografía sagrada subrayan su significado espiritual. La presencia de templos, altares y baños rituales apunta a su uso como centro de actividades ceremoniales, reflejando la cosmovisión inca que interconectaba los reinos natural, humano y divino.

Machu Picchu también tiene un profundo valor simbólico para la identidad y el orgullo peruano contemporáneo. Representa una conexión tangible con una rica herencia precolombina y sirve como un poderoso recordatorio del legado de los Incas. El sitio se ha convertido en un símbolo nacional de patrimonio cultural y resiliencia, fomentando un sentido de continuidad y orgullo entre los peruanos y las comunidades indígenas. Su reconocimiento mundial como sitio del Patrimonio Mundial de la UNESCO subraya aún más su valor universal y la responsabilidad colectiva de preservarlo.

Investigaciones y descubrimientos futuros

A pesar de más de un siglo de estudios arqueológicos, Machu Picchu continúa ofreciendo nuevos conocimientos y misterios. La investigación futura tiene como objetivo desentrañar las preguntas restantes sobre su construcción, propósito y la vida cotidiana de sus habitantes. Los avances en tecnología, como LiDAR (detección y alcance de luz), sensores remotos y radares de penetración terrestre, prometen revelar estructuras y caminos ocultos, proporcionando una comprensión más completa del diseño del sitio y su conexión con la red de carreteras inca más amplia.

Las excavaciones en curso y los estudios interdisciplinarios son cruciales para reconstruir el contexto sociopolítico y económico de Machu Picchu. Los investigadores están particularmente interesados en el papel del sitio dentro del sistema administrativo del Imperio Inca y sus interacciones con otros centros regionales. Los estudios bioarqueológicos, incluido el análisis de restos humanos y patrones dietéticos, están arrojando luz sobre la salud, la dieta y los orígenes de los habitantes, ofreciendo una visión más matizada de la comunidad que vivía allí.

Además, los estudios del impacto ambiental de la construcción y ocupación de Machu Picchu pueden proporcionar información sobre las prácticas sostenibles de los incas y su adaptación a las condiciones ecológicas cambiantes. Este conocimiento no sólo es de interés histórico sino que también tiene relevancia contemporánea a medida que las sociedades modernas buscan modelos de vida sostenibles.

El potencial para futuros descubrimientos es enorme y cada nuevo hallazgo contribuye a una apreciación y comprensión más profundas del contexto histórico de Machu Picchu. Los esfuerzos de colaboración entre académicos peruanos e internacionales garantizan un enfoque multidisciplinario, que combina arqueología, antropología, historia y ciencias ambientales. Estos esfuerzos son cruciales para reconstruir una narrativa integral del pasado de Machu Picchu y su importancia dentro de la civilización inca en general.

Preservando el pasado para las generaciones futuras

Preservar Machu Picchu para las generaciones futuras es un desafío multifacético que implica proteger su integridad física, mitigar los impactos del turismo y mantener su importancia cultural. El sitio enfrenta numerosas amenazas, incluida la degradación ambiental, la erosión, los desastres naturales y las presiones del creciente número de visitantes. Las estrategias de preservación efectivas requieren un equilibrio entre permitir el acceso público y garantizar la conservación del sitio a largo plazo.

Se han llevado a cabo esfuerzos de conservación desde el redescubrimiento de Machu Picchu, con avances significativos en la estabilización y restauración de sus estructuras. Sin embargo, el gran volumen de turistas (más de un millón al año) plantea riesgos continuos para la preservación del sitio. Medidas como limitar el número de visitantes diarios, implementar prácticas de turismo sostenible y promover rutas y atracciones alternativas dentro de la región son esenciales para reducir el impacto en Machu Picchu.

La educación y la participación de la comunidad son componentes críticos de la preservación. Las comunidades locales desempeñan un papel vital en la salvaguardia del sitio y su participación garantiza que los esfuerzos de conservación sean sostenibles y culturalmente sensibles. Los programas que brindan capacitación en gestión del patrimonio y turismo a los residentes locales ayudan a fomentar un sentido de propiedad y responsabilidad. Además, las iniciativas educativas destinadas a crear conciencia entre los visitantes sobre la importancia de Machu Picchu y la importancia de su preservación pueden promover el turismo responsable.

La cooperación y el apoyo internacionales también son cruciales. La UNESCO y otras organizaciones globales brindan experiencia técnica, financiamiento y una plataforma para compartir mejores prácticas en la conservación del patrimonio. Estos esfuerzos de colaboración garantizan que Machu Picchu se beneficie de las últimas técnicas de conservación y desarrollos de investigación.

Preservar el patrimonio cultural de Machu Picchu implica más que proteger sus estructuras físicas; también requiere salvaguardar el patrimonio intangible asociado al sitio. Esto incluye conocimientos tradicionales, prácticas culturales y creencias espirituales de las comunidades indígenas que tienen una conexión histórica con el sitio. Reconocer y respetar estas dimensiones culturales es esencial para mantener la integridad y la importancia del sitio.

El legado perdurable de Machu Picchu radica en su capacidad de inspirar asombro, curiosidad y reverencia. Como símbolo de logro humano y resiliencia cultural, continúa cautivando a personas de todo el mundo. Reflexionar sobre su importancia, aprovechar futuras oportunidades de investigación y comprometerse con su preservación garantiza que Machu Picchu seguirá siendo una fuente de inspiración y aprendizaje para las generaciones venideras. La tarea de preservar este sitio del Patrimonio Mundial de la UNESCO es una responsabilidad global, que requiere esfuerzos concertados de gobiernos, académicos, comunidades locales y visitantes por igual. A través de estos esfuerzos colectivos, Machu Picchu puede ser protegido y apreciado como un legado monumental de la civilización Inca y un tesoro del patrimonio humano.

Made in the USA
Columbia, SC
05 January 2025